# 建筑施工企业
# 财务管理理论与实践

郭喜波　著

北京工业大学出版社

**图书在版编目（CIP）数据**

建筑施工企业财务管理理论与实践 / 郭喜波著．—
北京 ：北京工业大学出版社，2019.11（2021.5 重印）
ISBN 978-7-5639-7092-6

Ⅰ．①建… Ⅱ．①郭… Ⅲ．①建筑施工企业－企业管
理－财务管理－研究 Ⅳ．① F407.967.2

中国版本图书馆 CIP 数据核字（2019）第 252719 号

## 建筑施工企业财务管理理论与实践

**著　　者：**郭喜波
**责任编辑：**刘连景
**封面设计：**点墨轩阁
**出版发行：**北京工业大学出版社
　　　　　　（北京市朝阳区平乐园 100 号　邮编：100124）
　　　　　　010-67391722（传真）　bgdcbs@sina.com
**经销单位：**全国各地新华书店
**承印单位：**三河市明华印务有限公司
**开　　本：**787 毫米 ×1092 毫米　1/16
**印　　张：**11.25
**字　　数：**225 千字
**版　　次：**2019 年 11 月第 1 版
**印　　次：**2021 年 5 月第 2 次印刷
**标准书号：**ISBN 978-7-5639-7092-6
**定　　价：**58.00 元

# 前　言

建筑业是我国国民经济的支柱产业，建筑施工企业是建筑业的重要组成部分。建筑施工企业的经济效益及其发展，对建筑业乃至整个国民经济关系重大。建筑施工企业的发展，在很大程度上取决于其经营管理水平。

在市场经济条件下，企业的财务活动日益丰富，也日渐复杂，并在企业整个经营管理工作中处于举足轻重的地位。财务工作的成效如何，直接关系到企业的兴衰成败。任何一家企业都需要财务人员来帮助自己管理和规范企业的每一项经济工作，使企业的一切经济活动都能够高效地进行，建筑施工企业当然也不例外。

一个企业的管理者也只有懂得一定的财务知识才能在复杂多变的经济环境中找到正确的信息，做出正确的决策。然而，目前仍然有众多的企业管理人员没有财务教育背景，缺乏财务基础知识。本书的目的在于针对建筑施工企业的业务特点，帮助建筑施工企业各非财务部门的管理人员掌握企业财务相关方面的基本知识与技能，使之尽快转变成为一名优秀的企业综合型管理人才。

本书将以轻松易懂的方式介绍建筑施工企业的一些财务知识。本书内容先从建筑施工企业会计的核算对象、目标及建筑安装工程的主要特点等讲起，阐述了采购部经理应该掌握的最佳库存量计算方法、材料的计价方法；阐述了工程部经理应该掌握的工程收入特点、自建工程核算方法、发包工程核算方法；阐述了生产加工部经理应该掌握的耗材分配方法、人工费分配方法、成本结转方法；阐述了人力资源部经理应该掌握的工作时间计量、个人所得税合理避税方法；阐述了投资部经理应该掌握的投资评价方法；阐述了项目部经理应该掌握的项目核算方法；最后阐述了总经理应该掌握的财务大局观。

本书不仅是建筑施工企业财务管理的入门读物，也非常适合非财务专业的学生和想了解基本财务知识的人士学习。本书内容主要包括财务入门基本知识以及建筑施工企业各部门经理应具备的财务知识，具体涉及采购部、工程部、生产加工部、人力资源部和投资部等业务环节。

作为广大非财务专业管理人员的入门读本，本书既要严格遵守科学的财务体系，又要深入浅出地准确表述，这一要求很可能是作者的经验、学识难以达到的。这就难免在本书中存在某些不妥的地方，期待广大读者对本书批评指正。

# 目　录

# 第一章　建筑施工企业财务管理概述

## 第一节　建筑施工企业会计的核算对象

在社会主义市场经济条件下，由于价值规律的作用，生产相同的产品，有的企业因个别劳动耗费低于社会必要劳动耗费而获得盈利；相反，有的企业因个别劳动耗费等于甚至高于社会必要劳动耗费而无利可图甚至亏本。这就迫使企业从市场需要出发，合理组织生产，实行有效经营，并适应市场的变化，做出灵活和果断的反应。商品生产者是独立经营的，但市场经济条件下的市场却把商品生产者联合成一个整体。

每一个企业之所以能在市场经济条件下进行有序的生产，原因之一就是企业把包括会计信息在内的经济信息作为一种重要的资源和其他资源一起，投入商品经济运动。人们利用经济信息，发现、开发人力资源和物质资源，组成现实的生产力，并有效地加以控制和调节，指导整个社会经济的运转。

建筑施工企业是从事建筑安装工程施工生产的企业。它要从事施工生产，实行有效经营，必须通过加工取得反映企业财务状况和经营成果的会计信息，据以组织、调节和控制施工生产。同时，建筑施工企业要为国家经济管理部门、投资者、潜在投资者、债权人提供其所需的会计信息，以满足国家宏观调控和投资者、债权人的投资决策、信贷决策等需要，使企业的施工生产能够满足社会需求，使企业的扩大再生产所需的资金能够顺利筹措。

建筑施工企业在从事施工生产经营活动中，除了要有"人"这个决定性的因素外，还要有材料、施工机械、运输设备等生产资料，即财产物资。在会计中，这些财产物资叫作资产。

建筑施工企业的资产，按其在施工生产过程中所起的作用，分为流动资产、固定资产、无形资产、长期待摊费用、长期股权投资、在建专项工程和临时设施等。

流动资产包括货币资金、结算资金、短期投资、劳动对象和劳动产品。属于货币资金的有库存现金、银行存款。外埠存款、银行汇票存款、银行本票存款等属于其他货币资金。属于结算资金的有各项应收、预付款项和付给内部单位或采购人员的备用金。属于短期投资的有企业购入能随时变现的交易性金融资产，如债券投资、股票投资、基金投资等。属于劳动对象的有主要材料、结构件、机械配件、周转材料等生产储备，正在施工中的未完工建筑安装工程和正在附属工业企业、辅助生产单位中生产的未完工产品。在会计中，未

1

完工建筑安装工程叫作"未完施工"或"未完工程""在建工程"，未完工产品叫作"在产品"或"在制品"。劳动对象在经过施工和生产过程后，大都改变了其原有的物质形态，并把它们本身的物质加入工程和产品的物质里去。属于劳动产品的有附属工业企业和辅助生产单位生产的产成品。劳动对象和劳动产品在会计中统称为"存货"。

固定资产包括企业所有的施工机械、运输设备、生产设备等劳动资料和非生产用房屋设备，它们能在较长时期内发挥其效能，并在许多施工生产周期中一直保持着自己的物质形态，而不把其本身的物质加入工程和产品的物质里去。但是，它本身的价值却随着使用而逐渐损耗，并通过折旧的方法将其损耗的价值计入工程和产品的成本，然后从工程和产品的结算价款中获得补偿。

无形资产是指企业拥有或控制的没有实物形态的可辨认的非货币性资产，包括专利权、非专利技术、土地使用权、商标权、著作权、特许权等。它们或者表明企业所拥有的一种特殊权利，或者有助于企业取得高于一般水平的经济效益，所以它们都有一定的价值。对于使用寿命有限的无形资产，应在其预计的使用寿命内采用系统合理的方法摊销其价值；对于使用寿命不确定的无形资产，在其持有期内不需要摊销，仅需要定期做减值测试。

长期待摊费用是指那些不能全部计入当年成本、费用，应在以后年度分期摊销的租入固定资产改良支出、固定资产大修理支出等。

长期股权投资指对子公司投资、对合营企业投资、对联营企业投资和投资企业持有的、对被投资单位不具有共同控制或重大影响的、在活跃市场中没有报价、公允价值不能可靠计量的权益性投资。

在建专项工程包括固定资产的新建、扩建、改建工程，大修理工程，需要安装设备的安装工程以及临时设施搭建工程等。这些工程在完工以后，均成为企业的固定资产和临时设施。

临时设施是为保证施工和管理的正常进行而建造的各种临时建筑及设施。在《企业会计准则》中，将临时设施列作固定资产。

建筑施工企业的资产是由企业投资者和债权人投入的资金、物资、专利技术等形成的，因而投资者和债权人对企业资产有提出要求的权利。在会计中，对一个企业的资产可以提出要求的权利，叫作权益，它由负债和所有者权益两个部分组成。

负债指企业过去的交易或事项形成的，预期会导致经济利益流出企业的现时义务。负债按其债务偿还期间的长短，分为流动负债和长期负债。

流动负债是指将在一年或者超过一年的经营周期内必须偿还的债务，包括向银行借入的短期借款以及在施工生产经营过程中暂时取得或占用的各种应付、预收款，如应付账款、预收账款、其他应付款、应付工资、应付福利费、应交税金、应付股利等。

长期负债是指向银行借入期限在一年以上的各种借款，以及为筹集长期资金而向企业债券持有人确认的应付债券等。在《企业会计准则》中，长期负债又称为非流动负债。

所有者权益是指企业资产扣除负债后，由所有者享有的剩余权益。企业的所有者权益又称为股东权益。所有者权益是所有者对企业资产的剩余索取权，它是企业资产中扣除债权人权益后应由所有者享有的部分，既可反映所有者投入资本的保值与增值情况，又体现了保护债权人权益的理念。

所有者权益的来源包括所有者投入的资本、直接计入所有者权益的利得和损失、留存收益等，通常由股本（或实收资本）、资本公积（含股本溢价或资本溢价、其他资本公积）、盈余公积和未分配利润构成。商业银行等金融机构在税后利润中提取的一般风险准备，也构成所有者权益。

所有者投入的资本是指所有者所有投入企业的资本部分，它既包括构成企业注册资本或者股本部分的金额，也包括投入资本超过注册资本或者股本部分的金额，即资本溢价或者股本溢价。这部分投入资本在我国企业会计准则体系中被计入了资本公积，并在资产负债表中的资本公积项目下反映。

直接计入所有者权益的利得和损失是指不应计入当期损益的、会导致所有者权益发生增减变动的、与所有者投入资本或者向所有者分配利润无关的利得或者损失。其中，利得是指由企业非日常活动所形成的、会导致所有者权益增加的、与所有者投入资本无关的经济利益的流入。损失是指由企业非日常活动所发生的、会导致所有者权益减少的、与向所有者分配利润无关的经济利益的流出。直接计入所有者权益的利得和损失主要包括可供出售金融资产的公允价值变动额、现金流量套期中套期工具公允价值变动额（有效套期部分）等。

留存收益是企业历年实现的净利润留存于企业的部分，主要包括累计计提的盈余公积和未分配利润。建筑施工企业的资产，在施工生产经营过程中，要依次经过供应、施工生产和工程点交（产品销售）过程，不断发生增减变动。在每一过程中，资产都相应地表现为不同的形态。负债和所有者权益，在企业施工生产经营中，也要发生变动。所有这些变动，在会计中都要加以反映。

在材料供应过程中，企业通过合同用货币向供应单位购买施工生产所需的各种劳动对象。这样，企业的货币资金转变为材料储备。企业储备的材料，在施工生产需要时，即进入施工生产过程。

在施工生产过程中，被消耗的材料的价值全部转入未完工程或在产品成本中。与此同时，工人付出了劳动，企业必须以工资形式支付给工人报酬，货币资金通过支付工资的形式转入未完工程或在产品成本中。此外，在施工生产过程中，固定资产的使用使固定资产发生了损耗，已损耗的固定资产的价值也要与无形资产的摊销一起转入未完工程或在产品成本中。

随着施工生产工作的进行，企业的未完工程完工，并在工程点交过程中将完工工程点交给发包单位，从发包单位重新获得了货币资金；企业附属工业企业的在产品成为产成品，通过销售过程从购买单位获得了货币资金。企业利用从发包单位和购买单位获得的货币资金，再度购买材料、支付工资，投入施工生产过程。由于施工生产过程中支付给工人的工资，仅包括工人必要劳动创造的那一部分工程和产品的价值，因而企业在工程点交和产品销售过程中收回的货币资金的数额，要比原来投入资金的数额大。

这部分增加的货币资金，就形成了企业的利润。此项利润，要根据国家有关规定，一部分以税金形式上交国家，一部分以积累形式留存企业成为盈余公积金，剩余部分以投资回报的形式分配给投资者，这就使企业的资产和所有者权益发生变动。此外，企业在施工生产经营过程中，还会发生诸如购建固定资产和临时设施，借入或归还银行借款，发售企业债券和偿还债券本息，购买其他单位股票、债券和分得股利及到期收回债券本息，向其他单位投资固定资产、材料、货币资金和分得其他单位利润及收回对其他单位投资等业务。这些业务也都会引起资产、负债和所有者权益的变动。

通过以上说明，可知建筑施工企业的施工生产经营过程，是其会计核算对象的内容，它决定着资产、负债和所有者权益的变动。资产、负债和所有者权益的变动，是建筑施工企业会计核算对象的形式。建筑施工企业施工生产经营过程的完成和资产、负债、所有者权益的变动，是一个经济现象从两个方面观察的结果。两者是有机统一的，不可分的。

# 第二节　建筑施工企业会计的目标

会计的目标，是根据客观的需要和要求确定的，它受会计核算对象的制约。企业在市场经济的海洋中航行，如逆水行舟，不进则退。企业各个部门的管理者肩挑理财的千斤重担，只有明确目标、有效运作，才能够不负重托。

建筑施工企业会计的目标，是对建筑施工企业会计的核算对象进行核算和监督所要达到的目的和要求，主要有以下三个方面。

第一，为管理者和投资者提供反映企业财务状况和经营成果的会计信息，以满足企业经营管理决策和国家宏观经济管理的要求，满足企业投资者和债权人进行投资、贷款决策的需要。

我国实行的是社会主义市场经济，每个建筑施工企业，都必须根据自身的施工生产能力和建筑市场的需求，向社会招揽工程任务，充分利用其生产潜力，合理安排施工生产。为了不断提高企业施工生产经营管理能力，增强其在建筑市场上的竞争能力，一方面要接受国家综合管理部门的指导，使自己的施工生产经营活动符合国家产业政策的要求；另一方面要接受投资者的监督，使投资者关心企业，为企业提供扩大再生产所需的资金。同时，要使银行等债权人了解企业的偿债能力和盈利能力，为企业提供施工生产所需的资金。这就要求企业必须做好会计工作，及时提供会计信息，真实反映企业的财务状况和经营成果，以满足国家宏观经济管理和企业经营管理决策的要求，满足企业投资者、潜在投资者和债权人进行投资与贷款决策的需要。

一个企业对外报告的会计信息，《企业会计准则》对其有着一定的质量要求。会计信息质量要求是企业财务报告提供高质量会计信息的基本规范，是使财务报告中所提供的会计信息对投资者等使用者决策有用应具备的质量特征。根据会计准则规定，会计信息质量要求包括可靠性、相关性、可理解性、可比性、实质重于形式、重要性、谨慎性和及时性等。其中，可靠性、相关性、可理解性和可比性是会计信息的首要质量要求，是企业财务报告中所提供的会计信息应具备的基本质量特征；实质重于形式、重要性、谨慎性和及时性是会计信息的次级质量要求，是对可靠性、相关性、可理解性和可比性等首要质量要求的补充和完善。尤其是在对某些特殊交易或者事项进行处理时，需要根据这些质量要求来把握其会计处理原则。另外，及时性还是会计信息相关性和可靠性的制约因素，企业需要在相关性和可靠性之间寻求一种平衡，以确定信息及时披露的时间。

第二，反映和监督财产物资保管、使用情况，不断降低工程成本，节约使用资金，提高企业经济效益。

为了适应建筑市场公平竞争的需要，建筑施工企业必须提高经济效益，多、快、好、省地进行施工、生产，一方面要做好财产物资的保管工作，保证财产物资的安全完整；另一方面要合理使用财产物资，不断减少资金耗费，节约使用资金，降低工程成本。

要保证财产物资的安全完整，就必须做好会计工作，以全面反映和监督各项财产物资的存在和变动情况。对于一切货币资金的收支，财产物资的收入、发出和转移，要据实填制凭证，认真进行审核，及时登记账簿，要定期进行财产清查，查明账实不符的原因，明确管理人员的经济责任。

要保证财产物资的合理使用，就必须及时计算工程成本，反映工程在施工过程中的生产耗费；及时做好固定资产和材料的核算工作，反映固定资产和材料的利用情况。工程成本是工程在施工过程中耗费的各项生产费用。它能反映材料的消耗情况，工人工资、施工机械使用费和各项费用的开支情况。如果提高了施工管理水平，节约了材料的消耗，提高了劳动生产率和机械利用率，减少了各项费用的开支，就会反映为工程成本的降低。因此，通过工程成本的计算和分析，可使企业及时发现施工管理中存在的问题，使之采取降低工程成本的有效措施，多为国家、投资者、企业提供税金、投资回报和企业扩大再生产所需的资金。

建筑施工企业要进行施工活动，必须有一定数量的机械设备和材料储备。但是，这个数量不是绝对不变的，如果加强了固定资产和材料的管理和核算工作，及时反映和监督固定资产和材料的利用情况，就可能促使企业充分利用机械设备，合理组织材料的供应，减少机械设备的需要量和压缩材料的储备量，从而减少企业资金的占用量，这就有可能把节约的资金用于本企业的扩大再生产。

第三，反映和监督执行财务制度和财务纪律的情况，促使企业坚持社会主义方向。

市场经济是竞争经济，也是法制经济。企业管理人员当家理财的前提之一是知法懂法、依法守法。知道自己能做什么很重要，知道自己不能做什么更重要。不少资深的财务管理者都有这样的感觉："只有知法守法，才能善始善终。"所谓有效的管理方法也只有建立在依法办事、合法合规的基础上才会有效，如果不依法当家理财，再有效的管理方法最终也会变成无效。

建筑施工企业的施工生产经营过程，是贯彻国家财务制度和财务纪律的过程。每个建筑施工企业，都必须执行国家的财务制度，遵守国家的财务纪律，坚持社会主义方向。由于建筑施工企业所有的财产物资和各项经营活动都要在会计核算过程中反映出来，因而通过对凭证的审查和对账表资料的分析，以及由此进行的深入调查研究，就可以了解企业各项经营活动是否遵守财务制度和财务纪律。

例如，通过对固定资产和材料的核算，可以发现企业是否将属于固定资产支出的资本性支出，作为收益性支出计入当期损益；是否在前后年度采用不同的折旧方法调节工程成本。通过工程成本分析，可以发现企业是否任意扩大成本开支范围，将应由专项工程开支的资本性支出计入施工成本，借以提高施工成本、减少利润、少交税费。通过对管理费用的核算，可以发现企业是否存在假公济私、请客送礼、铺张浪费以及擅自提高开支标准、扩大福利待遇等情况。通过对工程结算收入的核算，可以发现在企业在年度盈利水平较高的情况下，是否存在隐匿工程结算收入，调节年度间的利润的情况；是否存在收取回扣，压低工程造价或故意少算、漏算工程收入等情况。通过对利润分配的核算，可以发现企业是否存在不按有关规定，不提或少提法定盈余公积金，在所有者之间多分利润的情况。通过财产清查，可以发现企业是否存在贪污盗窃的情况等。

# 第三节　建筑安装工程的主要特点

正确组织建筑施工企业生产过程的核算，在建筑施工企业会计核算中占有极其重要的地位。建筑施工企业生产过程核算的组织和方法，很大程度上取决于建筑安装工程及其施工的特点。

## 一、建筑安装工程具有固定性的特点

每一建筑安装工程的位置都是固定不变的，必须在建设单位指定的地点进行施工。建筑安装工程固定性的特点，给建筑安装工程施工带来了流动性，使得建筑安装工人和施工机械设备都必须在各个工地上流动。由于建筑安装工程的施工活动分散在各个工地上进行，因此在组织建筑施工企业进行生产核算时，必须更加重视分级核算，充分调动各级施工单位和广大职工当家理财的积极性。同时，要更加重视施工机械设备和材料的管理和核算，及时反映它们的使用和保管情况。

## 二、建筑安装工程具有多样性的特点

每一建筑安装工程几乎都有独特的形式和结构，需要单独的设计图纸，采用不同的施工方法和施工组织。即使采用相同的标准设计，由于建造地点的地形、地质和水文等自然条件与运输等社会条件不同，也往往需要对设计图纸以及施工方法、施工组织等做出适当的改变。建筑安装工程多样性的特点，使得建筑施工企业的生产具有单件性的特点。因此，建筑施工企业必须按照各项建筑安装工程分别进行成本的核算。凡是可以直接计入某项工程的生产费用，应直接计入该项工程成本；凡不能直接计入某项工程而应由各项工程共同负担的生产费用，要按照发生地点先行汇总登记，然后按照一定的标准，定期分配计入有关工程成本。

## 三、建筑安装工程具有受气候条件影响的特点

由于建筑安装工程施工在露天进行，施工机械设备等经常露天存放，受自然条件的侵蚀影响很大。因此，在计算这些施工机械的损耗价值即折旧费时，除了考虑使用上的磨损这个因素外，还要充分考虑其受自然侵蚀的影响。由于建筑安装工程施工受气候条件的影响，建筑施工企业的施工活动在各个月份内很难均衡。特别是在北方严寒地区，建筑施工企业往往利用冬季停工期间，集中修理机械设备，让职工回家探亲。为了合理核算机械设备折旧、修理费用和职工探亲旅费，对这些费用应采用台班折旧法和预提、待摊的核算方法，而不宜将发生的费用全部计入当月工程成本。

## 四、建筑安装工程具有施工周期较长的特点

由于工程施工周期较长，对工程进行的成本核算和价款结算，不能等到工程全部竣工才进行。因此，对于建筑施工企业的成品，往往给予某些假定的条件。从理论上来说，建筑施工企业的成品应指在该企业范围内全部竣工，不再需要进行任何施工活动的工程。对于一般性建筑施工企业来说，因为它所承包的往往是完整的房屋和构筑物，所以，只有当这些完整的房屋和构筑物全部竣工时，才能成为该企业的成品。对于专业性建筑施工企业来说，由于它所承包的是房屋、构筑物的建造或机器设备的安装的个别部分，只有当这些承包的房屋、构筑物的建造部分或机器设备的安装部分全部竣工时，才能成为该企业的成品。但是，由于建筑安装工程的施工周期较长，如果只对具有完整使用价值的房屋、构筑物或专业性建筑施工企业承包的房屋、构筑物的建造部分或机器设备的安装部分全部竣工才进行核算和结算，就会占用很大一笔流动资金，给建筑施工企业流动资金的周转带来很大困难，核算也只能起到事后记录的作用。

因此，在核算和结算工程价款上，对于建筑施工企业成品的含义，也往往给予某些假定的条件，即在技术上达到一定成熟阶段的建筑安装工程，就视为"成品"，又称"已完工程"，并与发包单位进行工程进度价款的结算。这部分工程虽不具有完整的使用价值，也不是建筑施工企业的竣工工程，但由于企业对这部分工程不再需要进行任何施工活动，已可确定工程的数量和质量，就可核算它的实际成本，考核施工活动的经济效果。

随着建筑生产技术条件和社会条件的变化，建筑安装工程及其施工的特点也会不断变化。认识这些特点，对于我们做好建筑施工企业的会计工作是十分必要的。

# 第四节　生产费用的概念和分类

## 一、工程成本和生产费用的概念

要组织对建筑施工企业生产过程的核算，必须先了解什么是工程成本和生产费用。建筑施工企业的生产过程，同时也是生产的消费过程。在工程生产过程中，既要耗费活劳动，又要耗费物化劳动。工程在生产过程中耗费的活劳动和物化劳动，构成工程的价值。工程价值包括已耗费的生产资料的价值和劳动者在生产过程中新创造的工程的价值。

对于新创造的工程的价值，一部分用以满足劳动者本身的消耗，另一部分用以满足全社会的需要。这样，工程价值就包括在生产过程中耗费的生产资料即物化劳动的价值，在生产过程中耗费的必要劳动创造的价值，剩余劳动创造的价值，这三部分的总和体现着工程在生产过程中耗费的社会劳动量。

但是，就建筑施工企业来说，在工程生产过程中所耗费的只是已耗费的生产资料的价值和相当于工资部分的必要劳动创造的价值。至于剩余劳动创造的价值，是作为社会的纯收入，并不支付给工人的。这样，工程价值的前两部分，就构成了工程的成本。

在社会主义社会中，建筑施工企业耗费的生产资料的价值是以货币的形式计算的。具体地说，生产过程中耗费的施工机械、运输设备等劳动资料的价值，是以折旧费的形式计入工程成本的。生产过程中耗费的主要材料、结构件、其他材料等劳动对象的价值，是以耗用材料的价格计入工程成本的。至于工人必要劳动创造的工程的价值，是以工资形式支付并计入工程成本的。因此，工程成本是以货币形式表现的已耗费的生产资料的价值和工人必要劳动创造的工程价值。它是由企业耗费的"材料费""折旧费""工资"等生产费用构成的。

为了考核和分析生产费用，寻求进一步降低工程成本的途径，要从不同的角度观察生产费用的变动情况，并对生产费用进行合理分类。

## 二、生产费用按照经济性质的分类

生产费用按照经济性质分类，就是把生产费用划分为费用要素。因此，这种分类也叫生产费用按生产要素分类。建筑施工企业生产费用按其经济性质的不同，分为下列各生产费用要素。

①材料费指企业为进行施工生产经营管理活动所耗用的各种外购材料，包括主要材料、结构件、机械配件、周转材料、其他材料和低值易耗品等费用。

②工资指企业支付给职工的工资、奖金、津贴、福利费等。

③折旧费指企业在生产经营管理过程中使用固定资产而发生的费用。

④其他费用指不属于以上各要素的费用支出，如邮电费、差旅费等。

同时，生产费用按经济性质分类，也可以把物化劳动和活劳动的耗费划分开来，作为计算建筑业净产值和国民收入的重要依据。但是，这种分类方法也有一些缺点。

第一，它仅能表明在施工经营管理过程中耗费了哪些费用，而不能表明这些费用的用途。为了指导施工经营过程，我们不仅要知道施工经营管理过程中耗费了哪些费用，而且要知道这些费用使用在哪里及其支出是否经济合理。例如，材料费中的材料可耗用于工程的施工过程，也可耗用于施工机械设备的维护修理过程或作为管理部门的一般消耗。因此，对于耗用的材料，如不按其用途分别计算，就难以查清其超支或降低的原因。

第二，不能用来计算各项工程的实际成本。这是由于企业发生的生产费用只有一部分是可以直接记入各项工程成本的；另一部分属于共同性的生产费用，不能确定其为某项工程所应负担的，而必须按照一定的标准将这部分生产费用间接地分配到各项工程成本和管理费用中。为了便于计算各项工程的成本，需要将生产费用另加分类。

## 三、生产费用按照经济用途的分类

生产费用按照它的经济用途来分类，构成工程的成本项目。因此，这种分类也叫生产费用按成本项目分类。建筑施工企业生产费用按照它的经济用途，分为下列成本项目。

①材料费指在施工过程中所耗用的、构成工程实体或有助于工程形成的各种主要材料、外购结构件（包括内部独立核算附属工业企业供应的结构件）的费用，以及周转材料的摊销及租赁费用。

②人工费指直接从事建筑安装工程施工的工人（包括施工现场制作构件的工人，施工现场水平、垂直运输等辅助工人，但不包括机械施工人员）的工资和职工福利费。

③机械使用费指建筑安装工程施工过程中使用施工机械所发生的费用（包括机上操作人员人工费，燃料、动力费，机械折旧、修理费，替换工具及部件费，润滑及擦拭材料费，安装、拆卸及辅助设施费，养路费，牌照税，使用外单位施工机械的租赁费，以及保管机械而发生的保管费等）和按照规定支付的施工机械进出场费等。

④其他直接费用指为完成工程项目施工，发生于施工前和施工过程中不能直接计入工程实体的费用，包括环境保护费，安全施工费，临时设施费，冬雨季施工增加费，夜间施工增加费，材料两次搬运费，土方运输费，生产工具仪器使用费，检验试验费，施工排水降水费，在施工过程中耗用的水费、电费、风费、气费等。

⑤间接费用指企业所属各施工单位如分公司（工区）、施工队（项目经理部）为组织和管理施工生产活动所发生的各项费用，包括施工单位管理人员工资、职工福利费、折旧费、修理费、工具用具使用费、办公费、差旅交通费、劳动保护费等。

由于材料费、人工费、机械使用费和其他直接费用直接耗用于工程的施工过程，所以也叫直接费用。间接费用是为组织和管理施工生产活动所发生的各项费用，它要按照一定标准分配计入各项工程成本。工程直接费用加上分配的间接费用，构成建筑安装工程成本。

按上述成本项目计算得出的工程成本是工程施工成本，它不包括企业管理费用和财务费用等期间费用。按现行财务会计制度的规定，期间费用直接计入当期损益，不分配计入工程成本，所以上述工程成本是工程施工成本，不是工程完全成本。工程施工成本加上管理费用和财务费用，才构成工程完全成本，才能据以计算当期工程利润。

必须指出的是，在财政部和原建设部印发的《建筑安装工程费用项目组成》的通知中规定，工程预算成本由直接费用和间接费用组成。直接费用由直接工程费和措施费组成。直接工程费包括人工费、材料费和施工机械使用费。措施费包括环境保护费、安全施工费、临时设施费、夜间施工增加费、材料两次搬运费、施工排水降水费等。间接费用由规费和企业管理费组成。规费是指政府和有关权力部门规定必须缴纳的工程排污费、工程定额测定费、社会保障费、住房公积金、危险作业意外伤害保险费等。从建筑安装工程费用项目组成的内容来看，工程预算成本相当于工程完全成本，直接费用相当于工程施工成本。

在工程成本项目中因使用机械设备而发生的各项费用，一般工业企业都是分别在人工费和制造费用项目计算的，但从工程施工技术经济特点来看，那样计算会产生一些问题。第一，不便于正确计算各项工程的成本。因为在同一时期内，一台机械往往同时为几个单位的工程服务，它所产生的动力、燃料、折旧、修理、运输和装卸等费用，很难直接计入各项工程成本，也不宜将它与其他直接费用或间接费用一起，按统一的分配标准进行分配。特别是大型施工机械，往往是为某些大型工程服务的。为了正确计算各项工程所应负担的机械使用费，不论是编制工程预算成本，还是计算工程实际成本，都应按照各项工程使用的台班来计算和分配机械使用费。第二，也不便于分析使用施工机械创造的经济效益，找出影响机械使用费超降的原因，为进一步提高机械利用率和节约机械使用费寻找途径。因此，在建筑安装工程的成本项目中，都将机械使用费单独设置一个项目。

## 四、生产费用按其与工程量增减关系的分类

生产费用按其与工程量增减的关系，可以分为变动费用和相对固定费用。

①变动费用是指费用总额随着工程量的增减而增减的费用，如材料费，机械使用费中的动力、燃料费等。这些费用，虽然随着工程量的增减而增减，但就单位工程所应负担的费用来说，则不因工程量的变动而变动。

②相对固定费用是指费用总额不随着或几乎不随着工程量的增减而增减的费用，如间接费用，机械使用费中的机械折旧、修理费等。这些费用就其总额来说，虽然不随着工程量的增减而增减，但就单位工程所应负担的费用来说，则随着工程量的变动成反比例变动，即工程量增加，单位工程分摊的费用随之减少；工程量减少，单位工程分摊的费用随之增

加。由于工程成本中有相对固定费用，所以，增加工程量就能降低工程成本。

区别变动费用和相对固定费用，对寻求降低工程成本的途径具有重大的意义。对于变动费用，应从降低各项工程的消耗定额着手；而对于相对固定费用，主要应从节约各个时期的绝对支出数和增加工程量着手。

# 第五节　会计工作组织的特殊要求

科学地组织会计工作，是充分发挥会计作用、保证会计目标实现的一个重要条件。为了把建筑施工企业的会计工作科学地组织起来，每个建筑施工企业都要根据国家的有关规定，结合本企业的具体情况，建立和健全会计机构，制定和执行合理的会计制度，加强会计队伍的建设。

## 一、建立和健全会计机构

会计机构是企业负责组织和从事会计工作的职能部门。在建筑施工企业里，一般都单独设置会计机构，并配备必要的专职会计人员。因为会计和财务工作是紧密联系、难以分割的两项经济管理工作，所以在建筑施工企业里，大都设置会计和财务岗位。

设置总会计师岗位，建立总会计师经济责任制。总会计师是企业经济工作的负责人，领导财务会计工作，编制和执行财务收支预算、信贷计划，拟订资金筹措和使用方案，开辟财源，有效地使用资金；进行成本费用预测、计划、控制、核算、分析和考核，督促企业有关单位降低消耗、节约费用，提高企业经济效益；建立、健全经济核算制度，利用财务会计资料进行经济活动分析。在没有设置总会计师岗位的小型建筑施工企业，可指定一名企业领导人行使总会计师的职责。

企业所属各施工生产单位和其他管钱、管物的单位，也要根据工作需要，设置会计机构，配备会计人员或指定专人负责会计工作，并指导和协助工人班组开展经济核算工作。由于建筑安装工程施工现场不断转移而且较为分散的特点，建筑施工企业在经营管理上，要更加重视分级管理、分级核算。对于分散在各个地区的施工单位，应给予其负责人比一般工业企业的生产车间负责人更大的职权，以便充分调动各级施工单位当家理财的积极性，并及时处理财务会计工作中出现的问题。企业内部各单位的会计工作是整个企业会计工作的组成部分，因此，这些单位的会计人员在业务上都要接受企业会计部门的指导。

在企业会计机构内部，要根据业务的繁简程度进行合理分工，建立岗位责任制。对于各种会计凭证、会计报表的填制、登记、审核、保管以及报表的分析工作，都要有明确的分工，使各种核算工作有专人负责。这样，才能够更好地发挥每个会计人员的积极性以及主动性。

企业作为一个团队，团队中的每个成员都必须具备履行工作职责的能力，并且善于与其他团队成员合作。只有这样，每一位成员才会清楚自己的角色定位，清楚自己在每一个职能流程中的位置以及上一道工序和下一道工序的工作。只有这样，每一个新进入团队的人，才能真正成为团队成员。如果做到了这一点，成员们就能根据条件的需要，迅速行动起来，而不需要有人下命令。换言之，团队成员能根据工作的需要自发地做出反应，采取适当的措施来完成团队的目标。

例如，医院的手术小组如果在某个环节上，没有人在适当的时间按适当的要求去履行职责，病人就会有危险。同样的道理，公司为客户提供的服务质量也会由于某个人的失职而失去保证。

所以，高效率的团队需要发挥每一位成员的才能，与其角色相匹配，并要求所有的人都全力以赴。

为了充分发挥各级会计机构的作用，要贯彻统一领导、分级管理、分级核算的原则，根据企业的施工规模和管理工作的实际需要，正确处理各级权责关系，建立相应的核算体制。建筑施工企业的核算体制，应与企业施工管理体制相适应。

在一般情况下，公司为独立核算单位，它独立核算盈亏，全面核算各项技术经济指标。公司所属的工程处（或分公司、工区）、加工厂为内部独立核算单位。它们在公司统筹下核拨施工生产所需的资金，并单独计算盈亏。工程处所属的施工队（或项目经理部）为内部核算单位。这样就使企业各级单位的核算工作，构成完整的核算体系。对企业生产经营活动进行经常的、全面的核算，既有利于各单位及时掌握本单位的经济活动情况，又有利于因地制宜地解决存在的问题，不断改善施工生产经营管理状况，提高企业的经济效益。

## 二、制定和执行合理的会计制度

会计制度是组织和从事会计工作时必须遵循的规范。为了正确地组织建筑施工企业的会计工作，必须有一套完整的、科学的会计制度。

制定会计制度，必须遵循统一领导、分级管理的原则。全国性的会计制度，必须由国家统一制定。会计的基本原则、会计核算的指标体系和会计核算方法等，都必须在全国范围内统一起来。我国统一的会计制度由财政部制定颁发。

会计制度的内容主要有会计工作规则、会计科目（包括科目设置、会计事项的处理程序和办法等）、会计报表（包括报表的编制、报送、审查和批复等）、会计核算规程（如成本核算规程等）、会计监督和检查、会计档案管理、会计人员的职责和权限等方面的规定。

除了国家规定的会计制度外，企业为了加强内部管理，在不违背统一会计制度规定的前提下，可以制定一些必要的核算办法，如固定资产核算办法、材料核算办法、工资核算办法、财产清查办法和会计凭证循环程序等。

制定会计制度，是一项很严肃的工作，必须深入基层、调查研究、周密考虑，既要符合《企业会计准则》，又要顾及企业的实际情况。在编制会计报表，确定会计科目和核算方法时，还要正确处理繁与简的关系。会计指标体系和会计方法的繁与简，不能仅仅以指标的多少、工作量的大小或掌握核算业务的难易来判断，还应当看它在反映经济活动和执行财务预算成本计划方面是否必要。不能任意取消必要指标和核算工作，不能离开会计的基本原则和目标单纯追求会计方法的简化。在科学地、全面地、正确地反映企业经济活动及其预算、计划执行情况的前提下，应当尽可能简化会计核算手续和核算方法。既要避免盲目增加报表和指标，也要避免把反映经济活动基本情况、记录经济业务发生和变动过程的必要指标、必要手续和方法等统统"简化"掉。

会计制度制定以后就要认真执行。但是，会计制度属于上层建筑，它并不是一成不变的。随着经济的发展，人们对客观事物的认识不断提高，经济体制、财政体制、税收制度和财务制度要发生变革，会计制度也要随之做相应的改革。在会计制度的改革过程中，必须要正确处理"破"与"立"的关系。为了保证会计工作正常地进行，在新的会计制度没有建立以前，原有的会计制度还应该继续执行。否则，就会形成无章可循的状态，引起管理上的混乱，导致不必要的损失。

## 三、加强会计队伍的建设

要做好建筑施工企业的会计工作，就必须根据工作需要，配备具有一定专业素质和业务水平的会计人员。

"世界上不存在完美的人，但可能存在完美的团队。"这是管理学界普遍认同的观点。尽管每个企业因各自的经营战略、行业领域、发展方向、产业结构的不同，而构成各不相同的人才结构，但团队建设的目标却是大致相同的，那就是追求团队的协作精神与聚合效应。社会分工的日渐细化，对人们之间相互协作的要求也更加多样，而人才结构的互补性，恰恰将企业内部各类人才联系起来，整合成一个彼此不可分割的有机生命体，一个可以相互配合作战的和谐团队。

为了调动会计人员的积极性，保证会计任务的完成，国家规定了会计人员的工作职责。

会计人员的主要职责是，按照国家财务制度的规定，认真编制并严格执行财务预算，遵守各项收入制度、费用开支范围和开支标准，筹集并合理使用资金，保证完成税款上交任务；按照国家会计制度的规定，记账、算账、报账，做到手续完备、内容真实、数字准确、账目清楚、日清月结、按期报账，妥善保管会计凭证、账簿、报表等档案资料；按照金融制度的规定，合理使用借款，加强现金管理，做好结算工作；按照经济核算原则，定期检查、分析财务预算的执行情况，挖掘增收节支的潜力，考核资金使用效果，揭露经营管理中的问题，及时向领导提出建议；遵守、宣传、维护国家财经制度和财经纪律，同一切违法乱纪行为做斗争。为了保障会计人员能够更好地履行其职责，会计人员有权要求本单位有关部门、人员遵守国家财经纪律和财务会计制度；有权参与编制本单位计划、预算，制定定额，签订经济合同，参加有关的施工、生产、经营管理会议；有权监督、检查本单位有关部门的财务收支、资金使用和财产保管、收发、计算、检验等情况；有权要求有关部门提供资料，如实反映情况；对于违反财经法规、制度、计划和预算的经济业务，有权拒绝付款、拒绝报销或拒绝执行；对于弄虚作假、营私舞弊、欺骗上级等违法乱纪行为，不但要拒绝执行，而且应向本单位领导或上级机关、财政部门报告。各级领导和有关人员要支持会计人员的工作，保证他们履行职权，如果有人对坚持原则、反映情况的会计人员进行刁难、阻挠或打击报复，上级机关要查明情况，严肃处理。

为了充分发挥会计人员在施工经营管理中的作用，要根据国家有关规定，评定并授予其技术职称。同时要有计划地对会计人员进行专业培训，提高其业务水平，并建立会计人员的定期考核制度，鼓励他们坚持原则、廉洁奉公、钻研业务、积极工作，遵守敬业爱岗、依法办事、客观公正、搞好服务、保守秘密的职业道德规范，更好地为社会主义建设服务。

会计人员在核算工作中，要面向生产建设，关心生产建设，想工程之所想，急工程之所急。凡是有利于生产建设事业发展的事情，只要在政策和计划的许可范围内，都应积极支持；凡是违背经济发展规律和束缚生产建设事业发展的事情，都应劝阻和制止。按照国家政策和企业计划的要求，根据现实需要与可能，切实解决好在施工生产和供应等方面所需资金的问题，促进生产建设事业顺利发展。

广大工人群众处在生产第一线，他们对施工生产的具体情况最熟悉。会计人员在核算工作中，要紧密依靠工人群众，并积极协助工人群众搞好班组核算。会计人员只要深入实际了解情况，做好调查研究，就容易发现问题，抓住问题关键，提出改进工作的措施，增产节约，提高企业的经济效益。

# 第二章　材料采购的财务管理

## 第一节　存货的日常控制和降低库存

企业通常都有存货，它是保证企业生产经营活动得以顺利进行的物质条件，但是过多的存货会挤占大量的周转资金。

顶点公司是一家机械配件公司，有时也兼营组装业务。前年，该公司承揽了某工程的一部分业务，同时收购了当地一家颇有影响的家庭用品厂，以期能够得到更大的发展。但是，该公司发展并不如预期那样，让人感到意外。

顶点公司老总为此大伤脑筋，在一次企业业务咨询会上，他听说采用"获利中心"的管理办法能使业务增长、利润增加，他如获至宝，立马着手在公司实施。他委派了两位经理，一位管客户服务，另一位管零件。这两个经理走马上任后，采取不同方式开始了自己的工作。负责客户服务的经理信奉"顾客就是上帝"的信条，认为任何事凡是不能满足顾客要求的，都是他个人的失职。因此，他做事只从顾客的角度出发，增加每一种存货，希望在任何时候、任何情况下，都能使顾客想要什么货，就有什么货，想要多少货，就有多少货，真正做到使顾客"满意而来，满载而归"。这样一来，他确实减少甚至杜绝了不能满足顾客需求的情形发生，可是使公司增加了价值600万元的存货，占用了大量的资金，给公司资金的周转带来很大的障碍。另一位管零件的经理恰恰相反。他深知增加存货是需要成本的，于是就下定决心减少存货，使存货由600万元减到400万元。如此一来，不仅得罪了负责客户服务的经理，而且在不经意间失去了很多顾客，就连一些老客户也开始抱怨起来。

同时该公司还存在另外一种情况，家庭用品部的负责人自从接管这部分新业务以后，在短短的一年里，开拓了很多新的销售渠道，诸如百货公司、廉价连锁商店和特约零售商等，业绩逐渐有所提升，但令该负责人百思不得其解的是，利润率与销售情况极不相符，利润和预期相差太远，非常不理想。

在该负责人的建议下，该公司老总委派专业稽核人员去彻底调查利润率低的原因。盘点存货后他们发现，许多购买的原料，都没有对应数量的产品装运出去，并发现最后的存货价值居然有50万元的差额。于是老总下命令，在两个星期内针对这个问题，进行一次秘密检查。他们最终发现：一位已为该公司服务10余年的工厂监督人员经常用卡车偷运已完工的成品出厂然后廉价销售。他一般雇用卡车在工厂下班关门之后装运货物出厂，并以原价的五六折出售。虽然后来"监守自盗者"被判刑，在监狱里待了好几年，不过，该公司也因此损失了价值上百万元的财物。其实只要设立一个对货品和原料进出工厂进行管制的机构，就可以阻止这种监守自盗的行为。

存货的确不大容易管理，每一个企业都应加倍关注存货问题。只要控制住资金周转的大敌——存货过多，就相当于增加了资金。

# 一、存货的日常控制

存货的日常控制是指，在日常生产经营过程中，按照存货计划的要求，对存货的使用和周转情况进行组织、调节和监督。存货控制的方法主要有如下几种。

## （一）归口分级控制

这一管理方法包括以下内容。

①在厂长与经理的领导下，财务部门对存货资金实行统一管理。这包括：制定企业资金管理的各种制度；测算各种资金占用数额，汇总编制存货资金计划；把有关计划指标进行分解，落实到有关单位和个人；对各单位的资金使用情况进行检查和分析，统一考核资金的使用情况。

②实行资金的归口管理。根据使用资金和管理资金相结合，物资管理和资金管理相结合的原则，每项资金由哪个部门使用，就归哪个部门管理。

如由供应部门管理原材料、燃料、包装物等所需资金，生产部门管理在产品和自制半成品所需资金，销售部门管理产成品所需资金，工具部门管理工具、用具占用的资金，设备动力部门管理修理用备件占用的资金等。

③实行资金的分级管理。各归口的管理部门要根据具体情况将资金计划指标进行分解，分配给所属单位或个人，层层落实，实行分级管理。

## （二）经济批量控制

经济批量是指一定时期储存成本和订货成本总和最低的采购批量。

### 1.储存成本

储存成本是持有存货所发生的成本，包括与存货投资有关的机会成本、仓库建造及其维修费、保险费、财产税等。企业要想降低储存成本，就需要小批量采购。

### 2.订货成本

订货成本是指为订购材料、商品而发生的成本，它与订货的次数相关。企业要想降低订货成本，就需要大批量采购。

由此可见，这两种成本高低与订货批量多少的关系是相反的。订货的批量大，储存的存货就多，会使储存成本上升，但由于订货次数减少，则会使订货成本降低；反之，如果降低订货批量，可降低储存成本，但由于订货次数增加，会使订货成本上升。也就是说，随着订货批量大小的变化，这两种成本是互为消长的。存货控制的目的，就是要寻找这两种成本合计数最低的订货批量，即经济订货批量。

### （三）订货点控制

所谓订货点就是订购下一批存货时本批货物的存储量。之所以要考虑订货点，是因为在每批货物售完之前，必须要进货，但为了不增加存货成本，又必须在此时考虑该不该进货。

### （四）ABC 控制

一般来说，企业的存货品种、规格繁多，数量大，占用资金多，不同品种规格存货的数量在占用资金中差别很大。因此，要对每一种存货逐一计算定额、经济批量，并通过盘点来确定订货点，事实上这是不可能的。

对于一个大型企业来说，会有成千上万种存货项目，在这些项目中，有的价格昂贵，有的不值几文，有的数量庞大，有的寥寥无几。如果对每一种存货都进行严密的控制，不仅无法全部顾及，而且会捡了芝麻、丢了西瓜。所以为了有效地控制存货，降低存货成本，提高企业经济效益，必须对多种存货进行科学分类，并据以实施不同的控制方法。

ABC 法就是一种简便易行、突出重点的存货分类控制方法。ABC 控制法是意大利经济学家巴雷特于 19 世纪首创的，是将重点与例外控制的观念用于存货控制的一种方法。具体地说，就是根据各项存货在全部存货中重要性的大小，将存货划分为 A、B、C 三类。其中最重要的是 A 类，应实行重点管理；比较重要的是 B 类，应实行常规管理；不重要的是 C 类，只实行较为简单的管理。运用此法控制存货资金，一般分如下几个步骤。

①计算每一种存货在一定时间内（一般为一年）的资金占用额。

②计算每一种存货资金占用额占全部资金占用额的百分比，并按其大小顺序排列，编成表格。

③根据事先测定好的标准，把最重要的存货划分为 A 类，其数量通常约占全部存货品种数量的 10%，资金约占总金额的 70%；把一般存货划分为 B 类，其数量通常占全部存货的 20% ～ 30%，资金约占总金额的 20%；把不重要的存货划分为 C 类，其数量占全部存货的 60% ～ 70%，资金约占总金额的 10%。

④对 A 类存货进行重点规划和控制，要求采用适当的方法，科学地确定该类存货的经济批量和定额；对 B 类存货进行次重点管理，一般可按类别确定其订货数量和各部分定额；对 C 类存货只进行一般管理，采用集中采购的方式，并适当加大安全存货量，以简化手续，节约订货费用，同时避免缺货损失。

### （五）适时制

适时制是由日本企业首创的，并为越来越多的西方国家的企业所推崇的一种先进的生产管理系统。它通过合理规划企业的供、产、销过程，使从原材料采购到产成品销售，每个环节都能够紧密衔接，减少制造过程中不增加价值的作业，减少库存，避免浪费，从而有效降低成本，提高产品质量，最终实现企业效益最大化。适时制是减少存货的极其严格的存货控制观点之一。

适时制抛弃了那种认为订货成本（雇员成本、收货成本、检查成本、规划成本或生产调整成本）应被固定在现有水平上的想法，不断采取措施降低这部分成本。如对产品、设备和程序进行修正，以降低生产调整的时间和成本；督促供应商尽量减少其所生产的原材料中的不合格品，以降低检查成本。

### 1. 适时制在我国的适应情况

对待任何所谓有价值的东西，都不应该是全盘拿来，而应该从中找到适合自己的、能为自己所用的一部分。

在适时制的问题上，我们的企业要格外谨慎。现阶段我国在自然环境、经济体制以及企业内部管理模式等方面与日本和西方国家都存在较大的差距，因此，我们不能照搬其他国家的模式来应用适时制，而是应该本着权变的管理思想，在充分分析自身条件的基础上，制定出一系列适合我国企业内外部环境的、行之有效的适时制策略。

适时制在存货管理上要求"零库存"，这种观点在我国理论界和实务界存在两种不同的看法。事实上"零库存"和我国流行的"经济批量法"并不是完全互斥的两种存货管理模式，"经济批量法"追求的是储存成本与订货成本之和最小化，而"零库存"并非没有成本发生，由"零库存"风险引起的生产损失成本和临时订货成本同样不可忽视。"零库存"要追求的正是这些成本的最小化。可见，在追求存货成本最小化方面，"零库存"和"经济批量法"是一致的。就我国企业目前所处的内外部环境而言，我们必须考虑存货供应渠道、货源的保证程度以及交通运输条件的优劣。因此，一定量的库存仍然是必要的。

### 2. 适时制的影响因素

适时制的成功取决于几个因素——计划要求、与供应商的关系、其他成本因素。

①适时制要求一份协调、完善的计划，公司通过这个计划，实际上可以消除一些安全隐患。

②在适时制条件下，公司要求供应商按订单要求，频繁送货。采用适时制的公司虽然限制了供应商的数量，降低了存货的储存成本，但是世界上没有免费的午餐，供应商会对额外的服务追加费用，因此变相地增加了其他成本。

### 3. 适时制的运转条件

事实上，适时制的运转需要具备以下一些条件。

①管理当局能够积极参与。适时工作法是整体性的。管理当局应提供公司所有的资源以保证该制度的运转，而且在制度运行困难的转化期内，管理当局一定要对适时工作法的应用态度坚决。

②地理位置集中。由于客户的生产运营要"适时"地取得零部件，供应商工厂到客户工厂之间需要相对较短的传送时间。例如，日本的丰田汽车，它的绝大多数供应商都分布在距它的工厂方圆 60 英里（96.56 千米）的范围内。

③供应商网络可以管理。要使适时工作法运转，必须有一组适量的供应商，并且与他们签有长期合同。绝大多数日本汽车公司采用的零部件供应商不超过 250 家。而通用汽车公司仅仅装配程序就采用了大约 3 500 家供应商的产品。

④运输系统可控。要在供应商和使用者之间保持可靠的传送线路。很多的日本汽车公司只使用卡车（它们自己的或通过合同使用）来运送零部件，按计划每天从每个供应商处运送几次零部件。

⑤生产具有弹性。供应环节应对使用环节所采用的零部件迅速做出反应。这关键是要具有快速的工具转换能力，如在日本，自动压模线在 6 分钟之内就可装配好。

⑥生产批量较小。绝大多数采用适时工作法的日本工厂都要求生产批量低于每天耗用量的 10%。这一做法就是每次生产一件，这样每当生产出一辆汽车，生产另一辆汽车所需要的每一个零部件又已经生产好了。

⑦质量可靠。生产过程应当总能保证从供应商那儿取得的零部件全部是合格的。日本的观念是，每一个生产环节都应当将下一个生产环节看成是它的最终客户。质量控制主要是进行生产过程控制，而不是通过检查来挑出不合格产品。

⑧收货和处理材料方面非常有效率。比如，绝大多数日本公司已淘汰了正规的收货方式，工厂的各个部分都可以作为收货地点，零件可以被运送到离使用地点最近的地方。特殊设计的卡车取代了体积庞大的卡车。

## 二、如何降低库存

高库存意味着高利息负担，因为通常是用借贷来的钱支付库存商品的价钱；高库存也意味着较高的资金占用率；高库存还占据了宝贵的储存场地。有时候高库存可能比生产有所波动还浪费更多资金。

当然，有些时候，高库存也有好的一面。有些公司由于保持了高库存而降低了成本。这是由于高库存能促使生产以规律的步伐有计划地进行，从而有助于提高制造的效率，避免了为满足市场的巅峰需要而用大量投资建设和运营大工厂的做法。当某些材料一时买不到时，高库存也有助于减少生产的停滞。公司可以通过给销售商以非常自由的信贷条件，让他们保持高库存以促进销售，这是公司提高销售业绩最好、最便宜的办法。

但是，总的来讲，高库存不是一件好事。任何一家企业的存货管理状况完全能够体现或代表该企业整体管理水平的优劣。高库存显然是管理手段落后和管理水平差的象征。因此，企业必须降低库存，这也是控制存货的重要方面。

①对库存进行分类，并建立库存报表。这样管理人员就能明确哪些库存可以低到够两天消耗或满足两天的生产需要即可，哪些库存则可能要高到满足三四个月的需求，以及是否绝对有必要去订购某种新材料。

②控制材料的采购。在普通工程产品的价格中，材料构成总价的 50% ~ 80%，因此在材料的开销上如果能做些计划，能大大降低产品的成本。劳动的开销、折旧费和其他开销也是价格的构成部分，但和材料相比，这些项目的开销是比较小的。另外，在最现代化的工厂里，工厂布置是按使储存的和处在不同制造过程中的材料降到最低限度的要求来安排的。材料总是在流动过程中的。越是使材料流动，占据的宝贵资金就越少，更何况材料在制造型企业中，是最大的成本。因此，购买材料的工作应该谨慎对待。

唯一真正能控制材料成本的办法是按生产的要求订货，必须与生产计划相联系。为了能采购到质优价廉的材料，对同一项材料必须至少保持 2 ~ 3 个供货商，否则一旦遇到特殊情况或者某个供货商囤货居奇，就会给生产带来麻烦。

材料问题不光是买来尽可能便宜而且质量好的材料就可以了，应该更多地考虑一旦正在使用的材料短缺时，在保证同等产品质量的前提下，是否能够利用便宜得多并且有同样功用的库存替代品，而不必购买新的材料。这样，不仅可有效利用多余库存，还可以减少资金运用。

# 第二节　材料的分类和计价

采购部门可以说是成本核算过程中最有降低成本潜力的部门。采购部门经理应了解企业的原材料、燃料等的使用情况，制定合理的经济订购指标和合理的备用量，以节省库存费用，使企业提高经济效益。

## 一、材料核算的意义和内容

材料是指经过人类劳动加工过的作为劳动对象的物质资料。在会计中，材料又称原材料，一般把作为劳动对象从矿山采掘的矿石、从原始森林采伐的原木等称为原料，把经过进一步加工的原料仍作为劳动对象的产品称为材料。材料和固定资产不同，它通常只能在一次施工生产过程中使用，并在施工生产过程中大都变更或消失其原有的物质形态，或将其本身的物质加入工程和产品的物质里去，因而大都将其价值一次性转入工程和产品的成本中。建筑施工企业施工生产的过程，同时也是各种材料的使用和消费过程。保证施工生产过程不间断地进行，就需要做好材料的供应工作，及时补充施工生产中消耗的材料。

材料供应工作在保证施工需要的同时，还要注意节约使用储备资金，提高流动资金的利用效率。在组织材料供应时，要少购勤进，以最少的材料储备量来保证施工的需要；要合理组织材料运输，就地取材，就近采购，以降低材料采购成本。

以前，天津制药厂因为生产成本太高，其核心产品地塞米松无法与法国罗素公司的同类产品竞争。为了降低生产成本，天津制药厂没有全套引进国外高成本的设备，而是采用部分国产设备与部分国外设备相配套的办法，把用于设备的固定成本控制在较低的水平上。产品成本下降后，天津制药厂的产品价格比法国罗素公司的还要低，因而在市场竞争中处于明显的优势地位。在法国罗素公司对其产品采取降价策略时，天津制药厂也再次降价，完全获得了支配中国市场上的地塞米松价格的主动权。

在需要大量建筑材料和建设资金的情况下，用最少的材料储备保证施工的顺利进行，一方面可以为国家腾出大量的建筑材料，以保证建设事业的发展需要；另一方面可以避免企业流动资金的浪费和积压，提高资金利用效率。一定的施工规模虽要有一定数量的材料储备来保证，但是这个量不是一成不变的。如果企业能合理地组织材料供应工作，就有可能适当地压缩材料储备量，减少企业储备资金的占用额。因此，在材料供应和资金管理工作中，必须杜绝"宽打宽用""宁多勿少"等错误思想，在不影响工程质量的前提下，应进行修旧利废、加工改制工作，积极处理各种积压材料，加快流动资金周转速度。

材料核算是材料供应和资金管理工作的一个重要环节。认真做好材料核算工作，可以及时反映材料的采购、储备、保管和耗用情况，考核材料供应计划、材料储备定额和材料消耗定额的执行情况。这对节约使用储备资金，降低工程、产品成本，发展建筑生产事业都有着很重要的意义。建筑施工企业材料的核算，主要包括以下几个方面。

①正确及时地反映材料采购情况。考核材料供应计划和用款计划的执行情况，促使企业不断改进材料采购工作，做到既保证施工生产需要，又节约使用采购资金，降低材料采购成本。

②正确及时地反映材料的收发和结存情况，考核材料储备定额的执行情况，防止材料出现超储、积压或储备不足等现象，不断加快材料储备资金周转速度。

③反映和考核材料消耗定额的执行情况，促使企业节约使用材料，降低工程、产品的材料成本。

④正确计算耗用材料的实际成本，分别按照材料用途计入工程和产品成本。

⑤定期对材料的结存数量和质量进行清查盘点，查明盘点盈亏的原因，并对减值材料计提减值准备，按照规定做出处理，防止材料丢失和被窃，确保材料的完整无缺，做到账、料、卡相符。

## 二、材料的分类

建筑施工企业所需的材料，品种规格很多，性质和用途不一，而且存放地点分散，收发频繁，库存数量经常发生变动。为了加强材料管理和正确组织材料核算，必须对材料进行合理分类。

建筑施工企业施工生产用的材料，按其在施工生产中所起的不同作用，可分为主要材料、结构件、机械配件、其他材料等几类。

材料的总分类核算，应在"原材料"科目中进行，并按照上述分类分别设置"主要材料""结构件""机械配件"和"其他材料"等二级科目。

①主要材料是指用于工程、产品之中并能构成工程、产品实体的各种材料，包括黑色及有色金属材料、木材、硅酸盐材料（即水泥、砖、瓦、石灰、砂、石等）、电器材料、建筑五金、化学油漆材料等。

②结构件是指经过吊装、拼砌、安装即能构成房屋建筑物实体的各种金属的、钢筋混凝土的、混凝土的和木质的结构物、构件、炮块等。

③机械配件是指用于机械设备维护和修理的各种配件和零件，如齿轮、阀门、轴承等。

④其他材料是指那些在施工生产过程中并不构成工程、产品实体的各种材料，包括燃料、油料和润滑油、擦布、绳子等辅助材料。

其他周转材料、工具用具和劳保用品等在实际核算工作中，除了一次性消耗材料外，对于在施工过程中可以反复周转使用的周转材料，以及那些虽属劳动资料，但单位价值较低或使用时间较短而不列入固定资产的工具用具和劳保用品，也都将它们视同材料，分别在"周转材料"和"低值易耗品"科目中进行核算。

为了适应材料的实物管理和日常核算的需要，在上述分类的基础上，还要按照各类材料的物理性能、技术特征、等级、成分、规格、尺寸等做进一步的明细分类。如可将主要材料分为黑色金属材料类、有色金属材料类、木材类、硅酸盐材料类、电器材料类、小五金类、化学油漆类等。在黑色金属材料类下，又可分为圆钢、螺纹钢、方钢、扁钢、角钢、工字钢、槽钢、薄钢板、中厚钢板等品种。在圆钢之下，还可按其直径大小分为6毫米圆钢、7毫米圆钢等不同规格。

为了便于材料的保管和核算，除了对材料进行分类外，还须对各种材料按照其类别、品种、名称、规格逐一进行编号，并规定各种材料的计量单位和材料的计划单价（通常为地区材料预算单价），编制"材料目录"，以供材料供应、保管、领用、核算的各部门人员统一使用，避免将类似材料相互混淆，造成差错，并简化核算手续，提高工作效率。材料的编号，一般须意义明确、易于记忆并有可扩展性，以便在增加材料品种或规格时随时调整。

## 三、材料的计价

### （一）外购材料实际成本包括的内容

所谓材料的计价，就是材料在核算时按照什么价格计算。建筑施工企业的材料，应按其实际成本计价。外购材料的实际成本，包括下列各项支出。

①买价包括材料的原价、供销单位的手续费和税金。购买材料时支付的税金，大都属于增值税。增值税属于价外税，在增值税专用发票上另行注明。建筑施工企业结算完工工程价款时应交的税是营业税，属于价内税，无法将购料增值税专用发票上的应交增值税从中抵扣。因此，建筑施工企业在增值税专用发票上注明的应交增值税，应作为购料成本。

②运杂费包括自采购地点运到工地仓库（施工现场堆存材料的地点）前发生的包装、运输、装卸以及合理的运输损耗等费用（包装物的保证金或押金应予扣除，回收包装物的收入应冲减运杂费）。

③采购保管费包括材料供应部门和仓库（包括露天堆放场）为材料采购、验收、整理、保管、收发而发生的各项费用，以及合理的保管损耗。

对于不能直接计入某一种材料成本的支出，要按照适当的标准分摊计入各项材料成本。

建筑施工企业耗用内部独立核算的附属工业企业所生产的材料、构件，应以按照规定程序编制的产品价格或预算价格作为材料的买价。其耗用辅助生产单位所生产的材料、构件，应以辅助生产单位生产该材料、构件的实际成本作为材料的买价。如果辅助生产单位平时按计划（预算）价格结转自制材料、构件成本，则应于月末计算材料的成本与买价。

## （二）按计划价格计价

计入工程和产品成本的材料费，必须按照材料实际成本计算，这是没有疑问的。但是这并不是说在材料的日常核算工作中，也一定要按实际成本计价。由于外购和自制的材料的实际成本，可能每批不同，如果材料日常核算也按照实际成本计价，那就需要逐批计算材料收发的单价，工作量很大。同时，就计划的考核和分析来说，按实际成本计算也不便于分析材料成本的价格差异和用量差异。因此，在实际工作中对于材料收发业务较多的大中型企业材料的日常核算，可以按照计划价格（一般即地区材料预算价格）计价，于月末再计算计划价格成本和实际成本之间的价格差异，将计划价格成本调整为实际成本。

按计划价格组织材料收发的日常核算工作，有如下几方面的优点。

①可以大大简化材料日常核算工作。因为对于同一材料，不论每批购入价格是否变动，都只按一个单价，因而在材料明细分类核算中，平时只要登记数量即可，同时也免去在每次购入材料时都要逐批计算单价的手续。在计算耗用材料的实际成本时，只要计算一下这个时期内购入材料的实际成本，将它与计划价格成本相比较，算出各类材料的成本差异率，乘以耗用材料的计划价格成本，计算出耗用材料分摊的成本差异，就可算出耗用材料的实际成本。

②将采购材料的实际成本和计划价格成本相比较，可以确定材料价格方面的差异，反映材料采购业务的成果，考核材料供应部门的工作质量，如是否通过合理组织材料运输、就地取材、就近采购等措施来降低材料采购成本。

③耗用材料按计划价格计价，可以在和预算成本的对比中剔除价格差异因素，确定材料成本中的用量差异，考核各个施工单位对于耗用材料的节约和浪费情况。

为了考核各个施工单位施工活动的经济效益，使其成本不受材料价格因素的影响，各个施工单位的工程成本中的材料费，也可按照计划价格进行核算，材料成本差异可由公司或工程处集中核算。材料成本差异不论由施工单位核算，还是由公司或工程处集中核算，都要按月对工程成本中的材料计划价格成本进行调整。只有这样，才能正确计算各项工程的实际成本，反映整个企业施工活动的经济效益。

# 第三节　材料采购的手续和核算

## 一、材料采购的手续

材料的采购业务由供应部门负责。供应部门根据施工和生产单位按照工程项目、施工进度和材料消耗定额提出的需要量，结合材料的储备定额和库存情况，按期编制材料供应计划和用款计划，作为采购材料的依据。为了保证材料的及时供应，明确购销双方的经济责任，企业还应与供应单位签订供销合同。会计部门要协助供应部门正确执行供应计划、用款计划和供销合同。

对于采购的材料，企业要根据供应单位的发票、运输机构的提货单、银行的结算凭证和运费账单等，办理材料验收入库和货款结算两方面的手续。

企业在收到银行结算凭证和供应单位、运输机构的发票、账单、提货单等有关购料凭证时，要由供应部门检查凭证所列的材料名称、规格、数量、单价和发货日期等是否与供应合同相符。在采用委托收款和托收承付结算方式时，企业要在托收承付结算凭证上，签注有关承付意见。对于货款计算错误、材料品种规格不合要求等的材料款，企业应在承付期限内填写部分拒付或全部拒付的理由，由会计部门向银行提出办理拒付手续的要求。如核对无误同意承付，企业应将银行结算凭证、发票、账单等交会计部门办理料款结算手续。同时，供应部门还要填一式多份的收料单，将其中一份收料单连同提货单送交运输部门办理提货手续，另外将两份收料单送交仓库部门准备验收材料，仓库部门收料并在收料单上填明实收数量后，将其中一份收料单送交会计部门核对存档。

在发票、账单和银行结算凭证未收到而提货单先到时，供应部门照常填制收料单，根据合同价格或计划价格填列暂估金额，并通知运输部门和仓库办理收料手续，同时要催促供应单位尽快将发票、账单补来。

提货人员在提取材料时，如发现由于运输机构责任发生件数短缺、重量不足或破坏毁损现象时，要填制短缺损坏清单，由运输机构签章证明后，连同材料一起送交仓库。

对于质量、数量与供应单位发票不符的材料，要由仓库填制数量质量不符通知单，通知供应部门。供应部门应当根据运输机构签证的短缺损坏清单和仓库送来的数量质量不符通知单填制赔偿请求单，向运输机构和供应单位要求赔偿。

对于须经分次运交验收的大堆材料，如石子、黄沙、石灰、砖、瓦等，可在每次运到由仓库人员验收时，先在验收记录上登记收入数量，待全部运到验收完毕后，再根据验收记录在收料单上登记实收数量。

## 二、材料采购的总分类核算

### （一）设置会计核算科目

材料采购的核算，就是企业生产储备的供应过程的核算，为了考核材料供应计划的执行情况，确定采购材料的实际成本，并计算采购材料实际成本和计划价格成本之间的差异，企业在总分类核算上，要设置"物资采购"和"材料成本差异"两个科目。

①"物资采购"科目用以反映和考核材料采购资金支出情况，计算企业外购材料实际成本，考核采购业务的经营成果。该科目的借方登记企业所有外购并已验收入库的材料实际成本，包括买价、运杂费和采购保管费，借方发生额表明企业本期发生的采购资金支出，贷方发生额表明外购并已验收入库材料的计划价格成本。借方和贷方的差额，就是购入材料实际成本与计划价格成本之间的差异。如果借方金额大，表明材料采购成本超支；如果贷方金额大，表明材料采购成本节约。在月末时，材料采购成本的超支或节约额应转入"材料成本差异"科目的借方或贷方。

②"材料成本差异"科目用以核算企业材料实际成本与计划价格成本之间的价格差异。科目的借方登记材料实际成本大于计划价格成本的超支额，贷方登记材料实际成本小于计划价格成本的节约额。发出材料所应负担的成本差异，应从本科目的贷方转入各有关生产费用科目，超支额用蓝字结转，节约额用红字结转。从各材料科目转出发出材料的计划价格成本，在"加"或"减"材料成本差异后，就调整为实际成本。本科目的月末余额，为库存材料的成本差异。各材料科目月末余额，在"加"或"减"本科目的月末成本差异后，为库存材料的实际成本。因此，"材料成本差异"科目是为调整各材料科目所列的计划价格成本而设置的科目。

### （二）核算时的一般情况

#### 1. 基本核算方法

企业购入材料时，如果采用商业汇票结算方式，要在开出商业承兑汇票时，根据商业汇票和发票账单，做如下分录入账。

借：物资采购

贷：应付票据

如果采用委托收款和托收承付结算方式，企业要在收到材料、承付料款时，根据结算凭证和发票账单金额记入"物资采购"科目的借方和"银行存款"科目的贷方。

如果采用其他结算方式或用现金购入零星材料时，企业应将结算凭证或发票账单金额记入"物资采购"科目的借方和"银行存款""应付账款""现金"等科目的贷方。对于从发包单位或总包单位收入中抵作备料款的材料，亦应视同采购材料，按照合同规定价格将料款记入"物资采购"科目的借方和"预收账款"科目的贷方。

在取得收料单时，要按计划价格成本记入"原材料"等有关材料科目的借方和"物资采购"科目的贷方。

借：原材料

贷：物资采购

对于单独支付的运杂费，要根据运输机构运费账单金额等，记入"物资采购"科目借方和"银行存款""现金"等科目的贷方。

借：物资采购

贷：银行存款等

### 2. 总公司未设置地区建筑材料供应机构的核算方法

在总公司没有设置地区建筑材料供应机构，而由建筑施工企业自行采购材料时，往往需要设置一定规模的材料供应部门和仓库。这样，所发生的材料采购保管费数额较大。在这种情况下，可设置"采购保管费"科目，并设置多栏式采购保管费明细分类账，按采购保管人员工资、职工福利费、办公费、差旅交通费、折旧费、修理费、低值易耗品摊销、物料消耗、劳动保护费、财产保险费、合同公证签证费、检验试验费（检验试验收入）、材料整理及零星运费、材料盘亏及毁损费用、其他费用等明细项目进行明细分类核算。企业发生上列各项材料采购保管费时，应自"原材料""应付工资"或"应付职工薪酬——应付工资""应付福利费"或"应付职工薪酬——应付福利费""备用金""银行存款""现金""低值易耗品——低值易耗品摊销"等科目的贷方转入"采购保管费"科目的借方。月终再将应归入本月采购材料负担的采购保管费自"采购保管费"科目的贷方转入"物资采购"科目的借方。

为了使年度内各月使用各种材料的采购成本分摊的采购保管费比较均衡，也可根据年度内预计的采购材料的计划价格成本总额（或买价和运杂费的总额）和根据材料采购保管费计算的预定分配率来计算应计入各月份（或各批）采购材料成本的采购保管费。

某月采购材料应分配的采购保管费 = 该月采购材料的计划价格成本 × 采购保管费预定分配率

例如：某建筑施工企业预计全年发生的材料采购保管费为 488 000 元，预计全年采购材料的计划价格成本为 24 400 000 元，则从该年度来看情况如下。

如某月采购主要材料的计划价格成本为 140 000 元，则应分配主要材料的采购保管费为 2 800 元（140 000 × 2%），应将这一数额自"采购保管费"科目的贷方转入"物资采购"科目的借方，做如下分录入账。

借：物资采购 2 800

贷：采购保管费 2 800

如果材料日常收发是按计划价格计算的，材料采购保管费就可不必对各批采购材料进行分配，只要在月终一次计入各类物资采购明细分类账的合计栏内，用以计算各类材料实际成本合计数即可。

"采购保管费"科目的月末余额，表示实际发生的采购保管费与分配采购保管费之间的差额，在编制资产负债表时，要将它并入"待摊费用"或"预提费用"项目反映。当实际发生数大于分配数时，"采购保管费"科目有借方余额，要将未分配数并入"待摊费用"项目中反映；当实际发生数小于分配数时，"采购保管费"科目有贷方余额，要将多分配数并入"预提费用"项目中反映。但在年度终了时，应将"采购保管费"科目的余额全部转入"物资采购"科目。

### 3. 总公司设有地区建筑材料供应机构的核算方法

在总公司设有地区建筑材料供应机构，施工用主要材料大都由材料供应机构送到施工现场的建筑施工企业中，所发生的材料采购保管费不多。为了简化核算手续，可考虑将发生的材料采购保管费记入"管理费用"科目的借方，在管理费用中开支。月末应根据物资采购明细分类账将本月购入材料实际成本与计划价格成本之间的差额，自"物资采购"科目转入"材料成本差异"科目。

当采购材料的实际成本高于计划价格成本时，"物资采购"科目有借方余额，应做如下分录。

借：材料成本差异

贷：物资采购

当采购材料的实际成本低于计划价格成本时，"物资采购"科目有贷方余额，应做如下分录。

借：物资采购

贷：材料成本差异

以上说明的是物资采购总分类核算的一般情况。在实际工作中，还会有发票账单尚未收到的暂估入账材料和在途材料。

## （三）暂估入账材料

对于已验收入库但供应单位发票账单尚未收到的材料，要先按照计划价格或合同价格暂估入账，记入"应付账款"科目（也可记入"暂估应付账款"科目）的贷方和"物资采购"科目的借方。待发票账单到达付款时，再以红字将前记暂估数冲销，另按发票账单价格记入"物资采购"科目的借方和"银行存款"科目的贷方。

例如：某建筑施工企业向华东木材公司购入原木5立方米，材料已验收入库，但发票尚未到达，无法支付料款。在暂按计划价格每立方米料600元入账时，应做如下分录。

借：物资采购 3 000

贷：应付账款（或暂估应付账款）3 000

为了简化核算，减少平时转账手续，对于材料入库在先、付款在后的采购业务，在月份内可暂不入账，等发票账单到达后再入账。到月终发票账单仍未到达时，才按合同价格或计划价格暂估入账，并在下月初用红字将暂估入账数冲销，等收到发票账单时，再按实际付款数入账。

### （四）在途材料

如果发票账单和结算凭证已经收到，并已支付或承付，但材料尚未到达，这是"在途材料"。这些在途材料也应在"物资采购"科目核算，即按实际采购成本记入该科目的借方；材料运到验收入库时，再按计划价格自该科目的贷方转入有关材料科目的借方。月度终了时"物资采购"科目反映的在途材料，有如下两种处理方法。

①设置"在途材料"科目。月末将在途材料从"物资采购"科目的贷方转出，记入"在途材料"科目的借方，并在下月初用红字加以冲销。

②不设置"在途材料"科目。将在途材料反映在"物资采购"科目。月末"物资采购"科目的借方余额即在途材料。

不论用哪种方法处理，在编制会计报表时，月末"在途材料"都应在"存货"项目中反映。

对于因材料短缺、损坏和质量不合规定等原因向供应单位、运输机构请求赔偿的金额，应根据赔偿请求单记入"应付账款""其他应付款"科目的借方和"物资采购"科目的贷方，做如下分录入账。

借：应付账款（或其他应付款）
贷：物资采购

## 三、材料采购的明细分类核算

为了确定各类材料的实际成本，并计算各类材料实际成本与计划价格成本之间的差额，要设置物资采购明细分类账和材料成本差异明细分类账，对材料采购业务进行明细分类核算。

"物资采购"和"材料成本差异"科目的明细分类核算，可以按材料科目或材料类别进行，也可将全部材料合并进行。按材料类别进行明细分类核算，可使工程成本中材料费的计算比较准确，但要相应多设物资采购和材料成本差异明细分类账户，会增加核算工作量。如果将全部材料合并一起来核算，虽可简化核算工作，但因有些材料的采购成本可能节约，有些材料的采购成本可能超支，势必影响工程成本计算的准确性。因此，在决定物资采购明细分类核算的材料类别时，既要考虑到工程成本计算上的准确性，又要考虑到核算时人力上的可能性。

物资采购明细分类账的采购记录根据供应单位发票账单记入，承付记录根据托收凭证记入，借方登记购入材料的实际成本，包括买价、运杂费和采购保管费，贷方登记购入材料的计划价格成本，根据收料单记入。对于因数量不足、质量不符而要求供应单位或运输机构赔偿的损失，根据赔偿请求单在借方用红字登记。对于发票账单未到暂估入账的材料，要先根据暂估金额记入借方。在收到发票账单，开出商业承兑汇票或支付账款时，再将暂估登记的借方金额用红字冲销，另按发票账单金额重新登记。冲销暂估数所根据的收料单号，要在备注栏内注明。月度终了，应分别结出除"在途材料"外的借方栏和贷方栏的金额合计，并计算两栏合计的差额，即材料成本差异，然后将材料成本差异转入材料成本差异明细分类账"本月收入"的"借方成本差异"（当本月购入材料实际成本大于计划价格成本，采购成本超支时）或"贷方成本差异"（当本月购入材料实际成本小于计划价格成本，采购成本节约时）栏，将计划价格成本转入"计划价格成本"栏。为便于计算下月采购材料的成本差异，应将月末"在途材料"科目明细转登下月账页。

材料成本差异明细分类账根据物资采购明细分类账、发出和耗用材料汇总表进行登记。对于自制材料和清理固定资产、临时设施所得的残料，还要根据材料交库单在本月收入栏登记自制材料和残料的计划价格成本和实际成本之间的差异。

在登记物资采购明细分类账结转的本月收入材料的计划价格成本和实际成本之间的差异，以及自制材料等的计划价格成本和实际成本之间的差异后，即可与月初（即上月末）结存材料的计划价格成本和实际成本之间的差异一起，计算各类材料的成本差异分摊率。

根据材料成本差异分摊率，就可计算本月发出和耗用材料的成本差异，并计算出月末结存材料的计划价格成本和实际成本之间的差异。

# 第四节　材料的收发核算

## 一、材料收发的手续

建筑施工企业除向供应单位购入材料外，往往还有由发包单位、总包单位和各施工、辅助生产单位交来的材料。

企业收自发包单位或总包单位的材料，应同外购材料一样，填制收料单，但须在收料单上注明"发包单位材料"或"总包单位材料"字样。

企业仓库对于本企业辅助生产单位或施工现场交来的自制材料、清理固定资产和临时设施所得的残料等，要根据辅助生产单位或施工单位填制的材料交库单进行验收。材料交库单至少一式三份。一份在收料仓库签收后退回交料单位，一份留存收料仓库视同收料单处理，一份在交库后送交会计部门。为了便于计算自制材料的成本差异，月末应在自制材料交库单备注栏内补充记录自制交库材料的实际成本。

各单位在领用材料时，要填制领料单，经单位主管批准后向仓库领用。领料单至少一式三份，一份在仓库发料后填列实发数量，由发料人和领料人分别签章后留存仓库，一份由领料单位留存，一份送交会计部门。

为了考核班组的材料消耗情况，促使其节约使用材料，保证降低成本计划的完成，对于各施工班组领用的材料，应有一定的限额。在每一部分工程开工以前，应由施工人员根据工程任务单中所列的工程内容，按照材料消耗定额计算出完成这一任务所需要的各种材料数量，填制定额领料单。定额领料单应一式两份，一份交用料班组作为领料的限额凭证，一份交仓库材料员作为发料的限额凭证，发料后应在单上填实发数并盖章。超过定额领料或由于工程返工而补领材料时，必须按照规定办理追加手续。已经结算的定额领料单，原由用料班组保管的一份应转交会计部门作为计算工程用料成本的依据。

对于领用大堆材料，如砂、石、砖、瓦等，原则上也要按照上述领料手续办理。

但在实际工作中，同一部分材料，常有几个单位工程共同耗用，而且领用次数较多，很难在领用时逐一点数。因此，往往采用"算两头、轻中间"的办法来定期计算其实际用量。即对进场的大堆材料进行点数后，日常领用时不必逐笔办理领料手续。月度终了时，先根据当月完成工程量和单位工程量材料消耗定额，计算各工程本月定额耗用量；再通过实地盘点求得本月实际耗用量，并计算定额耗用量和实际耗用量之间的差异数量、差异分配率，然后求得各工程实际耗用大堆材料数量和计划价格成本。涉及计算公式如下所示。

本月定额耗用量 = 本月完成工程量 × 材料消耗定额

本月实际耗用量 = 月初结存数 + 本月收入数 − 月末盘存差异数量 = 本月实际耗用量 − 月定额耗用量

差异分配率 = 本月量 ×100%

某项工程实际耗用量 = 该项工程本月定额耗用量 × 差异分配率

某项工程耗用大堆材料计划价格成本 = 该项工程实际耗用量 × 计划单价

现举例说明计算方法如下。

①先根据各工程的完成工程量和单位工程量材料消耗定额，计算各工程的定额耗用量。石子定额耗用量可按完成混凝土工程量和每立方米混凝土石子消耗定额计算。

②通过盘点月末现场存料，计算本月各项工程实际耗用量。

假定石子上月盘存数为 74 吨，本月收入 260 吨，月末盘存还有 40 吨。

本月石子实际耗用量为，74+260-40=294 吨。

③计算定额耗用量和实际耗用量的差异数量和差异分配率。在发现差异数量较大时，要查明原因。

石子差异数量为，294-280=14 吨。

④根据各工程定额耗用量和差异分配率求出实际耗用量。

103 厂房建筑工程的石子实际耗用量为，196 ×（1+5%）=205.8 吨。

104 办公楼建筑工程的石子实际耗用量为，84 ×（1+5%）=88.2 吨。

⑤根据各项工程实际耗用量和材料计划单价计算各项工程耗用材料的计划价格成本。

假定石子每吨计划价格为 30 元。

103 厂房建筑工程耗用石子的计划价格成本为，205.8×30=6174 元。

104 办公楼建筑工程耗用石子的计划价格成本为，88.2×30=2646 元。

⑥计算各项工程耗用大堆材料的计划价格成本合计数。

某项工程耗用大堆材料的计划价格成本合计 = 该项工程耗用各种大堆材料的计划价格成本之和。

假定 103 厂房、104 办公楼建筑工程所耗用黄沙的计划价格成本分别为 3 198.72 元与 1 370.88 元。

103 厂房建筑工程耗用黄沙、石子大堆材料的计划价格成本合计为，3 198.72+6 174.00=9 372.72 元。

104 办公楼建筑工程耗用黄沙、石子大堆材料的计划价格成本合计为，1 370.88+2 646.00=4 016.88 元。

根据上面的计算，就可编制大堆材料耗用单。在实际工作中，大堆材料也可在季度终了或工程竣工（工期较短的工程）时进行盘点。在这种情况下，月末先按定额耗用量入账，于季末或工程竣工时盘点大堆材料求得实际耗用量和差异数量后，再调整各月按定额耗用量入账的数额。

对于一些在施工生产中经常需用、领发次数很多、数量零星、价值不大的材料，如螺丝、螺帽、垫圈等，也可在平时不填领料单，而由领料人在领料登记簿记录领用数量，签章证明办理领料手续，于月终由施工班组或生产车间按用途汇总填制领料单，以简化凭证填制和汇总的手续。

各施工、生产单位领用的材料，如有多余时，要填制"退料单"，及时办理退库手续。月份终了时，对下月需要继续使用的已领未用材料，要由各施工班组按照各项工程的用料分别盘点后，填制已领未用材料清单送会计部门，以便在本月发出材料成本中减去，以准确计算各项工程的实际用料成本。

## 二、仓库中材料收发的明细分类核算

企业所有材料收入、发出数量的核算工作，均由仓库部门负责。仓库对于材料收入、发出和结存数量的核算，是在"材料卡片"中进行的。仓库对于经管的每一种材料，均应区分规格，开设"材料卡片"。"材料卡片"除了登记材料的收、发、结存数量外，还可在结存数量栏的右边加设"结存金额"栏，以便在月末反映各种结存材料的计划价格成本。

仓库人员对于各种已经办理材料收发手续的收料、发料凭证，都要逐一序时在"材料卡片"的收入数量和发出数量栏进行登记，并在登记收、发数量后填入结存数量。

已登记"材料卡片"的收料、发料凭证及其所附原始凭证，一般由仓库人员负责保管，并按期(5天、10天、15天)或在月末填制材料凭证交接单,向会计部门办理凭证交接手续。

在材料凭证交接单中,退料凭证是指前面所说的退料单。因为在计算仓库发出的材料金额时,应将退料凭证中的退料金额,在发料凭证中的发料金额中减去,所以应将退料凭证另设一栏列示。

## 三、会计部门材料收发的明细分类核算

除仓库部门在"材料卡片"中进行材料收发数量核算外,会计部门还要根据材料计划价格进行金额核算。因此,会计部门对于仓库交来的收发料凭证,都要审核凭证中的记录是否完备,然后进行下列标价工作。

①根据材料目录在每一收发料凭证中填入计划单价。

②根据每张收发料凭证所列的数量和单价计算其金额,并填入"金额"栏内。

③分别计算每一类别收发料凭证的金额合计,并填入材料凭证交接单的"金额"栏。

由于材料日常收发按照计划价格核算,材料的数量和金额之间有一定比例关系,根据仓库"材料卡片"的数量就可计算其金额。这样,会计部门可以取消按材料品名进行数量、金额核算的材料明细分类账,而代之以按材料类别登记并进行金额核算的材料收、发、结存分类汇总表,并通过材料收、发、结存分类汇总表中各类材料的月末金额与仓库部门按"材料卡片"结存金额计算得出的各类材料月末余额相互核对,来检查双方的核算是否正确。

材料收、发、结存分类汇总表是用以反映一个月内各仓库经管的各类材料的收、发、结存金额,分别根据不同仓库部门交来的材料凭证交接单编制。材料收、发、结存分类汇总表本月发出各栏,根据材料凭证交接单的"发料凭证金额"栏数字减"退料凭证金额"栏数字后填列。"月末结存"数根据"本月收入合计"加"月初结存"减"本月发出合计"后填列。

为了使材料收、发、结存分类汇总表与仓库"材料卡片"的记录相互核对,月末应在"材料卡片"中填列结存金额,并按材料类别加以汇总,计算得出各类材料的月末余额,记入材料余额表。材料余额表是用以反映各个仓库经管的各类材料的月末结存金额。材料余额表内各类材料的月末金额,要和材料收、发、结存分类汇总表内各类材料的月末结存数进行核对,如有不符,应从下列方面加以检查并做出更正。

①检查收发料凭证中所列各种材料的金额计算是否正确。

②检查材料凭证交接单中所列各类材料的金额计算是否正确。

③根据本月收发料凭证中的收、发数量,检查"材料卡片"中的月末结存数量、金额的计算和材料余额表中各类材料的月末余额计算是否正确。

根据上面的说明,可知材料收发按计划价格计价时的明细分类核算一般是通过"材料卡片"、材料余额表和材料收、发、结存分类汇总表进行的。

必须指出的是，由于企业管理体制、材料供应体制、材料供应组织机构等的不同，各建筑施工企业对材料收发按计划价格计价时的明细分类核算的程序和方法是不完全相同的。上面所讲的只是一种方法，叫作材料余额核算法。在实际工作中，可根据企业材料供应的特点具体设计。

## 四、材料收发的总分类核算

在材料收发按计划价格计价时，材料收发的总分类核算平时也按计划价格进行，以便核对材料科目和明细科目的记录。

企业在收入外购材料时，要根据收料单将所收材料的计划价格成本自"物资采购"科目的贷方转入"原材料""周转材料"等科目的借方。

借：原材料等

贷：物资采购

同时要在月末将"物资采购"科目反映的实际成本与计划价格成本之间的差异，转入"材料成本差异"科目。

借：材料成本差异

贷：物资采购

企业在收入辅助生产车间自制材料时，要根据材料交库单，按计划价格成本"生产成本——辅助生产成本"科目的贷方转入"原材料"等科目的借方。

借：原材料

贷：生产成本——辅助生产成本

各施工、生产单位领用的材料，要根据领料单、定额领料单、大堆材料耗用单等，按计划价格成本分别自"原材料"等科目的贷方转入"生产成本——工程施工成本"或"工程施工""生产成本——辅助生产成本""生产成本——机械作业成本"或"机械作业""管理费用"等科目的借方。

借：生产成本——工程施工成本（或工程施工生产成本——辅助生产成本）

贷：原材料

各施工、生产单位退回仓库的多领材料，要根据退料单用红字做如上相同分录冲销，或从当月领用材料总额中直接冲减，即在发出和耗用材料汇总表的"本月发出材料"中减去，不在总分类核算上反映。

对于月末施工现场存料，要根据已领未用材料清单，按计划价格成本用红字做分录冲销。

借：生产成本——工程施工成本（或工程施工）

贷：原材料

于下月初再用蓝字做如上相同分录入账。为了简化凭证填制登记手续，对月末现场存料也可考虑从当月领用材料总额中冲减，在总分类核算上不加反映。

按照计划价格成本列账的材料，对发出耗用部分，应分摊成本差异，将计划价格成本调整为实际成本，即要将"材料成本差异"科目中属于耗用材料的成本差异，转入各生产费用科目。当材料实际成本高于计划价格成本时，"材料成本差异"科目有借方余额，应做如下分录。

借：生产成本——工程施工成本（或工程施工）
　　生产成本——辅助生产成本
贷：材料成本差异

当材料实际成本低于计划价格成本时，"材料成本差异"科目有贷方余额，用红字做如上相同分录入账。

企业在将某些不需用材料出售时，应由供应部门根据通知填制加盖"销售材料"戳记的领料单（或销售材料发料单），向仓库办理领料手续，但必须避免借口处理呆滞材料搞廉价变卖等违纪活动。

企业在向其他企业销售材料时，要根据盖有"销售材料"戳记的领料单，将其计划价格成本记入有关材料科目的贷方和"其他业务支出"科目的借方。

借：其他业务支出——材料销售支出
贷：原材料

同时根据发票将销售材料的价款收入记入"其他业务收入"科目的贷方和"应收账款"科目的借方。

月末算出材料成本差异分摊率后，要将属于销售材料的成本差异自"材料成本差异"科目转入"其他业务支出"科目。

借：其他业务支出——材料销售支出
贷：材料成本差异

在实际工作中，对于发出和耗用材料的计划价格成本和分摊的材料价差，可通过发出和耗用材料汇总表进行汇总和计算。

发出和耗用材料汇总表的"本月发出材料计划价格成本"栏各数目，根据经标价后的发料凭证按用途类别分析加以汇总，减去退料凭证中退料数后填列。"月初现场存料计划价格成本"栏根据上月月末已领未用材料清单填列。"月末现场存料计划价格成本"栏根据本月月末已领未用材料清单填列。"本月耗用材料计划价格成本"栏各数，根据本月发出材料，加月初现场存料，减月末现场存料的计划价格成本求得。"本月耗用材料成本差异"栏各数，根据耗用材料计划价格成本乘以成本差异分摊率求得。如果材料成本差异按材料类别计算，则按材料类别分别计算其成本差异，然后加以汇总求得本月耗用材料成本差异。

根据发出和耗用材料汇总表，就可将上述各个会计分录合并为如下两个会计分录。

借：生产成本——工程施工成本（或工程施工生产成本——辅助生产成本）

　　　　其他业务支出——材料销售支出

　　贷：原材料

　　借：生产成本——工程施工成本（或工程施工生产成本——辅助生产成本）

　　　　其他业务支出——材料销售支出

　　贷：材料成本差异

　　经分摊的材料成本差异，应在材料成本差异明细分类账的"本月发出耗用"栏进行登记，并算出月末结存材料的计划价格成本和成本差异。月末结存材料的成本差异，在编制会计报表时，应并入"存货"项目列示。

## 五、材料收发按实际成本计价时的明细分类核算

　　建筑施工企业对于日常收发的材料，一般都按计划价格计价。如果企业规模不大，施工需用材料大都由总公司材料供应机构送到施工现场，材料收发不很频繁，也可采用实际成本计价。

　　材料日常收发按实际成本计价时，材料的明细分类核算要同时设置"材料卡片"和材料明细分类账。"材料卡片"由仓库登记，只进行数量核算。材料明细分类账由会计部门登记，同时进行数量和金额的核算。采用这种方法，账、卡的资料能相互核对，有一定的制约作用，但核算工作有重复。为了避免重复记账，可以采用"账卡合一"的做法，即取消"材料卡片"，只设置一本既有数量又有金额的材料明细分类账放在仓库，由仓库人员登记，会计人员定期稽核；或由仓库人员登记数量，会计人员登记金额。这既是反映材料实物收发结存数量的明细记录，又是反映材料资金增减占用的明细记录，能同时为物资管理和资金管理提供资料。在实行流动资金分口、分级管理，储备资金定额下库，由管材料的人来管材料资金的情况下，更宜于采用这种做法。

　　为了归类反映各类材料资金的增减变动情况，分析考核各类材料资金的占用情况，并便于核对账簿记录，还应按照材料类别，把同类材料的账页装订成一本材料明细分类账，并在每本账的前面开设"汇总账页"，根据材料收发凭证，按期（5天、10天或15天）汇总登记各类材料收、发、结存的金额。

　　仓库管理人员在材料入库或出库后，应及时根据收料凭证和发料凭证逐笔登记材料明细分类账，并计算材料结存数量，然后将收发料凭证夹在登记的账页中。会计人员要定期（5天、10天或15天）到仓库进行稽核和计价。对于收入的外购材料，要根据实际采购成本计价，其中，买价根据发票确定；运杂费根据运费账单等确定，能直接记入各种材料采购成本的就直接记入，不能直接记入的，按照有关材料的重量或买价的比例分摊记入各种材料的采购成本；采购保管费按照预定分配率分配计入各种材料的采购成本。

　　由于各种材料分批购进、分批领用，而每次购入材料的单位成本（通常叫作单价）又

往往不同，因而在每次收发材料时，都会发生按哪一种单价计价的问题。发出材料的实际成本，通常可采用先进先出法和加权平均法等计价方法。

①先进先出法就是认为购进在先的材料应先予领用，并按最先购进的那批材料的单价计价。在领用材料的数量超过首批购入数量时，即以第二批购入材料的单价作为以后领用材料的单价。若领用材料须包括几批购入的材料，应按各批购料的不同单价分别计价。先进先出法的计价方法，只需查阅上次领用材料单价，再查阅此单价购进的材料是否尚有结存，便可确定此次所领材料应以何种单价计价。

②加权平均法就是将一个月内采购某种材料的实际成本，加月初结存金额，再除以月度内购入材料的数量和月初结存数量，得出加权平均单价作为当月发出材料单价的一种计价方法。采用加权平均计价方法，可以不必像先进先出计价方法那样在月度购入不同单价的材料时要重算一次单价。但是，要到月末才能算出当月发料的金额，这就使料价计算工作不能在平时均衡地进行，从而影响成本计算和结账工作的及时性。因此，有的企业就按上月末加权平均单价（即本月初结存材料金额除以本月初结存数量）计算本月发料成本。

## 六、材料收发按实际成本计价时的总分类核算

材料日常收发按实际成本计价时，在总分类核算上可以不必设置"物资采购"和"材料成本差异"科目。购入材料的实际成本，直接在材料科目进行核算。企业对于收入外购材料、自制材料和清理固定资产、临时设施所得残料等都可直接将其实际成本记入"原材料"科目的借方和"银行存款""应付账款""生产成本——辅助生产成本""在建专项工程"等科目的贷方。

例如，建筑某施工企业购入主要材料一批，根据供应单位发票账单，实际买价和运杂费共计12 000元，应做如下分录。

借：原材料——主要材料 12 000
贷：应付账款 12 000

按预定分配率2%分配该批主要材料应负担的采购保管费240元（12 000×2%），应做如下分录。

借：原材料——主要材料 240
贷：采购保管费 240

各施工生产单位领用材料、对外销售材料时，都可将其实际成本直接贷记"原材料"科目，借记"生产成本——工程施工成本""工程施工""生产成本——辅助生产成本""生产成本——机械作业成本""机械作业""生产成本——工程施工成本——间接费用""工程施工——间接费用""其他业务支出"等科目。

例如，各施工单位为各工程领用主要材料8 500元，辅助生产车间为加工铁件领用主要材料2 000元，应做如下分录。

借：生产成本——工程施工成本 8 500

贷：原材料 8 500

对于材料款已经支付或承付，但材料尚未运到的在途材料，应设置"在途材料"科目，记入"在途材料"科目的借方；于材料到达验收入库时，再自"在途材料"科目的贷方转入"原材料"等科目的借方。

例如，上述建筑施工企业外购一批主要材料，已经支付料款 2 500 元，但该材料尚未到达，应做如下分录。

借：在途材料 2 500

贷：银行存款 2 500

上述主要材料到达时，再做如下分录。

借：原材料——主要材料 2 500

贷：在途材料 2 500

对于材料已经收到，但供应单位发票账单尚未到的材料，应先按计划价格借记"原材料"等科目，贷记"应付账款"科目，待发票账单到达时，再以红字做如上相同分录将前记暂估数冲销，另按发票账单价款记入"原材料——主要材料"科目的借方和"银行存款"等科目的贷方。

例如，企业收到主要材料一批，发票账单未到，应先按计划价格 1 500 元暂估入账，应做如下分录。

借：原材料——主要材料 1 500

贷：应付账款 1 500

上述主要材料发票账单到达，将前记暂估入账数用红字冲销，并按发票账单价款 1 600 元支付，做如下分录。

借：原材料——主要材料 1 600

贷：应付账款（或银行存款）1 600

# 第五节　材料的委托加工核算

企业购入的材料，有时需要经过加工后才能使用。委托其他企业加工的材料，叫作委托加工材料。

企业委托其他企业加工材料时，一般应由供应部门和加工企业签订加工合同，并将合同副本交会计部门，据以考核合同的执行情况。委托外企业加工的材料，虽仍属企业所有，但不存于本企业仓库，所以不能在各材料科目中进行核算。为了反映委托外企业加工材料的成本以及有关加工、运输费用，要设置"委托加工物资"科目，并按加工合同设置明细分类账，以便核算各批加工材料的实际成本，并及时进行清理结算。

由于委托外企业加工的材料，可能在当月加工完成入库，在材料日常收发按计划价格计价时，就必须在月末计算各类材料成本差异以前，确定发给外企业加工材料的实际成本，而这在实际上是难以做到的。因此，对发出加工的材料，在材料日常收发按计划价格计价时，一般都按计划价格成本计算，并不分摊材料成本差异。如要分摊材料成本差异，可按上月材料成本差异分摊率计算。

企业在将材料发给外企业加工时，要由供应部门根据加工合同填制委托加工发料单，通知仓库发料。委托加工发料单一般填制一式五份，一份由仓库发料后留存，据以登记"材料卡片"或材料明细分类账；一份连同加工材料交加工企业；一份交还供应部门，据以考核加工合同执行情况；两份送交会计部门。

委托加工发料单中发出材料的成本，在材料日常收发按实际成本计价时，应填列实际成本；在材料日常收发按计划价格计价时，填列计划价格成本。

会计部门收到两份委托加工发料单后，应以一份印有"加工费""运输费"和"实际成本合计"三栏的委托加工发料单代替委托加工物资明细分类账；另一份作为发料凭证，据以记入"委托加工物资"科目的借方和有关材料科目的贷方。

例如，某建筑施工企业发出原木 10 立方米，委托江南门窗加工厂加工单扇门 200 平方米。原木每立方米单价为 300 元。在发出 10 立方米原木委托加工时，应做如下分录。

借：委托加工物资 3 000

贷：原材料——主要材料 3 000

对于支付的加工费和运输费，要根据受托加工企业和运输机构的账单，记入"委托加工物资"科目的借方和"银行存款"等科目的贷方。

根据江南门窗加工厂账单，从银行存款支付加工费 2 000 元，运输费 200 元，应做如下分录。

借：委托加工物资 2 200

贷：银行存款 2 200

企业收到加工完成的材料时，要由收料仓库验收后填制盖有"外部加工"戳记的收料单，会计部门根据收料单在代替委托加工材料明细分类账的委托加工发料单中结算该批加工材料的实际成本（包括发出加工材料的成本、加工费和运输费）。在材料日常收发按计划价格计价时，应将加工完成材料的计划价格成本和计划价格成本与实际成本之间的成本差异，分别自"委托加工物资"科目转入有关材料科目和"材料成本差异"科目，即将加工完成材料的计划价格成本自"委托加工物资"科目的贷方转入有关材料科目的借方；加工完成材料的实际成本大于计划价格成本的成本差异，自"委托加工物资"科目的贷方转入"材料成本差异"科目的借方；加工完成材料的实际成本小于计划价格成本，则用红字将成本差异记入"委托加工物资"科目的贷方和"材料成本差异"科目的借方。

例如，上述单扇门 200 平方米加工完成并验收入库，单扇门每平方米计划单价为 25 元，则应做如下分录。

借：原材料——结构件 5 000（25×200）

贷：委托加工物资 5 000

借：材料成本差异 200（3 000+2 200-5 000）

贷：委托加工物资 200

在材料日常收发按实际成本计价时，应将加工完成材料的实际成本从"委托加工物资"科目的贷方转入有关材料科目的借方。在上例中，应做如下分录。

借：原材料——结构件 5 200

贷：委托加工物资 5 200

在有剩余材料退回时，应将退回材料的计划价格成本，自"委托加工物资"科目的贷方转入"原材料——主要材料"科目的借方。

"委托加工物资"科目的借方余额，表示存放加工企业还在加工过程中的材料的成本和运输费。在编制会计报表时，应将它列入"存货"项目，以反映委托加工材料资金的实际占用额。

# 第六节　建筑施工企业的周转材料核算

## 一、周转材料分类

建筑施工企业在施工过程中，除使用上面所说的各种一次性消耗材料外，还使用一些在施工中不断周转仍保持其原有物质形态的材料，即通常所说的"工具性材料""材料型工具"。这些材料，一般可分为如下四类。

①模板指浇制混凝土用的钢、木或钢木组合的模型板，以及配合模板使用的支撑材料和滑模材料。

②挡板指土方工程施工用的挡土板以及支撑材料。

③架料指搭脚手架用的竹、木杆和跳板以及钢管脚手架等。

④其他如塔吊使用的钢轨、枕木等。

由于上列材料与一次性消耗材料不同，在核算上将它们归并在"周转材料"科目之中，并对其损耗价值采用分次摊销计入工程成本的方法。

## 二、周转材料摊销及摊销方法

由于周转材料在施工过程中能反复使用，它的价值是逐渐转移到工程成本中的，因此在核算上既要反映它的原值，又要反映它的损耗价值。根据这个要求，对周转材料核算应在"周转材料"科目下分别设置"在用周转材料"和"周转材料摊销"两个二级科目，用以反映在用周转材料的原值和损耗价值。

企业所属各施工单位领用周转材料时，要填制领料单。会计部门根据领料单，自"库存材料"科目的贷方转入"周转材料"科目的借方。如果周转材料在购入时即与主要材料分开核算，则在"周转材料"科目下还要增设"在库周转材料"二级科目，用以核算在库周转材料的原值。周转材料在使用过程中损耗的价值，要记入"周转材料——周转材料摊销"科目的贷方和"生产成本——工程施工成本"或"工程施工"科目的借方，并记入各工程成本的"材料费"项目。施工单位对领用的周转材料，要加强实物管理并合理使用。

周转材料损耗价值的摊销，可以采用如下三种方法。

①定额摊销法指根据每月实际完成的建筑安装工程量和规定的周转材料消耗定额计算各月摊销额的摊销方法。

周转材料每月摊销额 = 该月完成的建筑安装工程量 × 单位工程量周转材料消耗定额

②分期摊销法指根据周转材料预计使用期限，计算其每期摊销额的摊销方法。

③分次摊销法指根据周转材料预计使用的次数，计算其每次摊销额的摊销方法。

## 三、周转材料预计使用次数

对于常用周转材料木模的摊销，有的企业采用按预算定额中每立方米混凝土工程消耗定额先行摊销，然后于年终或工程竣工时按实际损耗数调整的方法。这种摊销方法虽然简便，但往往与实际木模消耗情况严重脱节。这是因为有的混凝土工程（如基础、地坪工程）数量很大，使用的木模相对来说却很少；而有的混凝工程（如雨篷工程）数量很小，而使用的木模却很多。为了使木模摊销额接近实际消耗情况，对雨篷等工程在核算时不宜采用这种摊销方法。

为了简化核算手续，在周转材料日常收发按计划价格计价时，对周转材料的成本差异，可按各月周转材料摊销额合计及当月材料成本差异分摊率来计算。各月分摊的周转材料成本差异，应记入"生产成本——工程施工成本"或"工程施工"科目的借方和"材料成本差异"科目的贷方。如果实际成本小于计划价格成本，用红字记入"生产成本——工程施工成本"或"工程施工"科目的借方和"材料成本差异"科目的贷方。

每月终了，会计部门应根据施工部门通知的实际完成工程量，编制周转材料摊销额计算表，计算各项工程成本应分摊的周转材料摊销额。

周转材料摊销额计算表中各工程的摊销额总计数，要分别记入工程施工成本明细分类账的"材料费"项目。

现举例说明在用周转材料的核算方法。

某建筑施工企业所属施工单位在2006年5月共领用模板10立方米，每立方米模板计划价格为308元。在5、6月份完成立模数量分别为300平方米、120平方米，每平方米立模的模板摊销费为5元。6月末工程竣工盘点现场还有可供使用模板4.4立方米，估计尚值880元。

5 月份领用模板的计划价格成本为，308×10=3 080 元。

5 月份模板摊销额为，5×300=1 500 元。

6 月份模板摊销额为，5×120=600 元。

5、6 月份模板实际损耗额为，3 080-880=2 200 元。

6 月份应补提摊销额为，2 200-（1 500+600）=100 元。

在 5 月份领用模板时，要做如下分录入账。

借：周转材料——在用周转材料 3 080

贷：周转材料——在库周转材料 3 080

将 5、6 月份模板摊销额计入工程成本时，做如下分录。

借：生产成本——工程施工成本（或工程施工）1 500

贷：周转材料——周转材料摊销 1 500

借：生产成本——工程施工成本（或工程施工）700

贷：周转材料——周转材料摊销 700

5、6 月份分摊周转材料成本差异时（摊销率为 2%），做如下分录。

借：生产成本——工程施工成本或（工程施工）30

贷：材料成本差异 30（1 500×2%）

借：生产成本——工程施工成本（或工程施工）14

贷：材料成本差异 14（700×2%）

6 月末将模板摊销额注销时，做如下分录。

借：周转材料——周转材料摊销 2 200

贷：周转材料——在用周转材料 2 200

如果一个施工现场只有一个单位工程，施工期限又不长，也可在工程竣工盘点现场存料算出实际损耗额后，再将摊销额一次进行转账，以简化核算手续。

至于列入周转材料的各种定型模板（如大模板）的损耗价值的摊销，可先确定模板周转次数，算出每套模板每周转一次的摊销额，然后按照各项工程周转次数和每次摊销额，计算各项工程的摊销额，直接计入有关工程成本。

也可先按下列公式计算每平方米建筑面积平均损耗的模板，然后按照各项工程完成的建筑面积计算该工程的摊销额。

损耗的模板 = 预计周转次数 × 每套模板一次能施工的建筑面积

例如，某建筑施工企业有一套大模板，它的造价为 164 000 元，每次能施工 400 平方米建筑面积，预计能周转使用 80 次，不能使用后的残值为 4 000 元。

假定该企业某月份使用这套大模板完成建筑面积 1 600 平方米，则应摊销大模板费用为，5×1 600=8 000 元。

在现行会计制度中，周转材料还包括一些易腐、易坏或使用一次后一般就不再使用的材料，如安全网等，规定在领用时一次记入有关受益对象的成本，直接从"周转材料——

在库周转材料"科目贷方转入"生产成本——工程施工成本"或"工程施工""生产成本——机械作业成本"或"机械作业"等科目的借方。不过对于这些材料，也可考虑将它归为"原材料——其他材料"，而不列作周转材料。这样，一方面使周转材料名副其实，均属可以多次周转使用的材料，另一方面也可使周转材料的核算规范化。

# 第七节　低值易耗品的核算

## 一、低值易耗品概述

在劳动资料中，除了列作固定资产核算的以外，还有一部分使用时期较短、价值较小的工器具以及在施工管理中使用的物品。这些物品，通常可分为如下三类。

①工器具指在施工生产中使用的各种工具、器具、仪器等。

②管理用具指管理服务用的各种办公用品、家具用品、消防器具等。

③劳保用品指在施工生产中保护职工劳动安全的工作服、安全帽、雨衣、胶鞋以及安全带等。

上列各种物品与其他劳动资料一样，能使用于若干施工生产周期，在使用中仍保持着自己的物质形态，并不把其本身的物质加到工程或产品的物质里去，而仅随着使用时间或工作强度增加逐渐转移其价值。但是，由于这些物品使用时间较短或价值较小，经常需要添置更新，故在劳动资料中把这些物品和固定资产划分开来，叫作"低值易耗品"，并将其视同劳动对象，把它归于材料类中，在"低值易耗品"科目进行核算。凡是使用期限不满一年的劳动资料和生产经营用设备，以及单位价值在 2 000 元以下，或使用期限不超过两年的非生产经营用设备，都划归为低值易耗品。

对于低值易耗品与固定资产的划分，虽已有如上的规定，但由于价格的变动或规格上稍有不同，若同属一种物品，单位价值可能在规定限额之下，也可能在规定限额之上，如将它们分别列为低值易耗品和固定资产，就会增加管理上和核算上的困难。为了解决这个问题，最好在事前根据各种劳动资料的性质、价值和使用期限，分别编制低值易耗品目录和固定资产目录；凡列入低值易耗品目录的劳动资料，不论其价值是否稍高于限额或使用期限是否超出一或两年，都作为低值易耗品处理。

由于低值易耗品可以使用较长的时期，它被领用时，通常不能从账面上立即予以转销。所以对于领用的低值易耗品，仍要加以记录，以便按其损耗程度，逐渐摊销其价值。为了核算上的需要，在"低值易耗品"科目下应设置"在库低值易耗品""在用低值易耗品"和"低值易耗品摊销"三个二级科目，用以分别核算在库中、在用中低值易耗品和在用低值易耗品摊销额，以便对低值易耗品的使用及其摊销情况进行考核。

为了简化核算手续，对于那些价值甚小或易破碎的低值易耗品，也可采用一次摊销报耗的办法，即在领用时，将其全部价值自"低值易耗品——在库低值易耗品"科目销账，并不在"低值易耗品——在用低值易耗品"科目反映。因此，企业在编制"低值易耗品目录"时，还要划分"一次报耗"和"分次摊销"的界限，在目录中注明哪些低值易耗品采用一次报销，哪些低值易耗品采用分次摊销。

企业对于仓库中所有的低值易耗品，都要设置"低值易耗品卡片"。对于分次摊销的低值易耗品，最好在卡片中分别设置"在库""在用"和"合计"三栏。并在"在库""在用"栏下，各分设"增加""减少"和"结存"三小栏用以分别反映在库和在用低值易耗品的增、减、结存情况。

凡购入新的低值易耗品，均应根据收料单记入"低值易耗品卡片"的"在库增加"栏。低值易耗品的发出，应区别于"耗用"和"借用"。对于那些价小易耗、一次报耗的低值易耗品，在领用时应填制低值易耗品领用单，据以记入"低值易耗品卡片"的"在库减少"栏。对于那些价高耐用、分次摊销的低值易耗品，在领用时应填制低值易耗品借用单。借用单上的低值易耗品，要将它由"在库"二级科目转入"在用"二级科目，记入低值易耗品卡片的"在库减少"栏和"在用增加"栏。借用低值易耗品报废时，要填制"低值易耗品报废单"，并在单中注明残值，据以记入"低值易耗品卡片"的"在用减少"栏。"低值易耗品卡片"的"在库结存数"，应同库存的新的低值易耗品数相符。"低值易耗品卡片"的"在用结存数"，应同库存的旧的低值易耗品和班组领用数之和相等。"低值易耗品卡片"的"在用结存金额"之和，应和"低值易耗品——在用低值易耗品"二级科目余额核对相符。建筑施工企业一次报耗的低值易耗品，在领用时，即可根据低值易耗品领用单将其全部价值一次转入有关生产费用科目。对机械施工单位领用一次报耗工具用具等，应记入"生产成本——机械作业成本"或"机械作业"科目；对施工单位领用一次报耗工具用具，应记入"生产成本——工程施工成本"或"工程施工"科目的其他直接费用；对施工单位领用一次报耗劳保用品，应记入"生产成本——工程施工成本"科目的间接费用；对企业管理部门领用一次报耗低值易耗品，应记入"管理费用"科目，做如下分录入账。

借：生产成本——机械作业成本（或机械作业）

生产成本——工程施工成本（或工程施工）（其他直接费用）

生产成本——工程施工成本（或工程施工）（间接费用）

管理费用

贷：低值易耗品——在库低值易耗品

## 二、低值易耗品摊销

对于分次摊销的低值易耗品，在领用时，即应将它从"低值易耗品"的"在库低值易耗品"二级科目转入"在用低值易耗品"二级科目，并对在用低值易耗品按月进行摊销。

在用低值易耗品通常可以采用如下三种摊销方法。

## （一）净值摊销法

净值摊销法指根据各使用部门本月结存的在用低值易耗品的净值和规定的月摊销率（一般可定为 10%），计算各使用部门应负担的摊销额的摊销方法。

某部门低值易耗品的月摊销额 = 该部门在用低值易耗品净值 × 月摊销率

该部门在用低值易耗品净值 = 该部门在用低值易耗品计划价格成本 − 已摊销额

例如，某个建筑施工企业的某部门在用低值易耗品的计划价格成本为 8 000 元，已摊销额为 3 000 元，月摊销率为 10%。

该部门在用低值易耗品净值为，8 000-3 000=5 000 元。

该部门低值易耗品的月摊销额为，5 000×10%=500 元。

在采用净值摊销方法时，要为各个部门的在用低值易耗品设置明细分类账，反映各个部门在用低值易耗品增加、减少、结存的计划价格成本（或实际成本）和已摊销额。

## （二）比例摊销法

比例摊销法指按照各类低值易耗品的特点，结合历史计算数据，确定月摊销率，以月摊销率乘以各部门各类在用低值易耗品的计划价格成本（或实际成本）来计算使用部门应负担的摊销额的摊销方法。

某部门某类低值易耗品的月摊销额 = 该部门该类在用低值易耗品计划价格成本 × 该类低值易耗品月摊销率

在采用比例摊销方法时，要为各类不同摊销率的在用低值易耗品设置明细分类账，反映各个部门各类在用低值易耗品增加、减少、结存的计划价格成本（或实际成本）和已摊销额。

## （三）五五摊销法

也叫五成摊销法，指低值易耗品在领用时先摊销其计划价格成本（或实际成本）的50%，报废时再摊销其余的 50%（扣除收回的残料价值）的摊销方法。

在某月一次大量领用低值易耗品（因为新增大批职工，领用大量工器具和劳保用品），按照上述方法摊销使领用月份成本过高时，可将领用月份发生的摊销额，转做待摊费用，分次摊入工程和产品成本。

低值易耗品的日常收发和核算，可按其实际成本进行，也可按其计划价格进行。在按计划价格进行时，要按月分摊计划价格成本与实际成本之间的差额。低值易耗品的成本差异，可按各月低值易耗品摊销额和当月成本差异分摊率计算，也可按各月报废低值易耗品的计划价格成本和当月成本差异分摊率计算。如按各月报废低值易耗品的计划价格成本进行分摊，各月分摊的低值易耗品的成本差异，应记入"生产成本——机械作业成本"或"机械作业""生产成本——工程施工成本"或"工程施工管理费用"等科目的借方和"材料成本差异"的贷方（在实际成本小于计划价格成本时，应用红字）。

建筑施工企业在采用五五摊销法摊销在用低值易耗品损耗价值时，通常应根据低值易耗品借用单和低值易耗品报废单，做如下分录入账。

将本月借用低值易耗品从"在库低值易耗品"转入"在用低值易耗品"二级科目时做如下分录。

借：低值易耗品——在用低值易耗品

贷：低值易耗品——在库低值易耗品

将本月借用低值易耗品计划价格成本的 50% 转入本月生产费用时做如下分录。

借：生产成本——机械作业成本（或机械作业）

生产成本——工程施工成本——其他直接费用

企业应加强实物管理，防止丢失。为了考核使用中低值易耗品的节约情况，对各个部门、班组或个人，都应分别设置低值易耗品领用表，以记录低值易耗品的领用、交回和报废情况。

# 第八节　材料盘点盈亏和跌价准备提取的核算

## 一、材料盘点盈亏的核算

为了保证材料的完整性，做到账实相符，建筑施工企业必须建立材料清查盘点制度。由于建筑安装材料种类繁多，收发频繁，并分散在各个仓库、现场存储，有些材料计量不准确、自然损耗、收发时点错数量，以及人为短缺等原因，都会使账面材料结存数量和实存数量不符。因此，必须通过清查盘点的方式进行检查核实。

材料清查盘点制度，不仅可以保证账实相符，给会计提供正确可靠的资料，同时还有下列几方面的作用。

①可以促使企业摸清家底，积极处理积压材料，加快流动资金周转速度。

②可以发现材料短缺和损坏情况，揭发违法乱纪行为，以便追究责任。

③可以发现材料供应和仓库管理等方面存在的问题，促使企业改革不合理的规章制度，改善经营管理，加强经济核算。

材料的清查盘点，在平时应当轮流进行。每年在编制年度财务决算以前，还要进行一次全面清查盘点，使年度会计报表的数字准确可靠。材料清查盘点人员发现实存材料数量和"材料卡片"结存数量不符时，要查明原因，分清责任，并填制材料盘点盈亏报告单，经清查领导小组审查、鉴定，提出处理意见后，按规定报有关部门审批。

材料盘点的盈亏，可以分为两大类。一类是经查明属于材料明细账卡记录的错误，如收发数量登记错误，金额计算错误，明细账卡加减计算错误，登记时搞错材料规格，造成一种规格多、一种规格少等。对这些差错，可由材料核算人员开列清单，注明原因，经会计部门复核后，按规定的改正错误的方法进行更正。另一类是真正的材料盘点盈亏，当然，也可能包括未经查明属于明细账卡登记的错误。对于真正的材料盘点盈亏，应按规定程序报批。

材料清查过程中的盘亏，在未经批准以前，应先根据材料盘点盈亏报告单，登记有关材料明细账卡，并从有关材料科目的贷方转到"待处理财产损溢——待处理流动资产损溢"科目的借方。

借：待处理财产损溢——待处理流动资产损溢

贷：原材料

对于材料盘亏，一般都按实际成本计算。在材料收发按计划价格计价时，除按计划价格成本记入有关材料科目的贷方外，还要自"材料成本差异"科目将属于盘亏材料的成本差异，转入"待处理财产损溢——待处理流动资产损溢"科目的借方（当材料实际成本小于计划价格成本时用红字）。

借：待处理财产损溢——待处理流动资产损溢

贷：材料成本差异

经有关部门批准后，再根据材料盘点盈亏报告单，区分不同情况进行账务处理。

凡能以正当理由说明的材料短缺，如定额内自然损耗等，可计入材料成本，记入"采购保管费"科目的借方。

借：采购保管费

贷：待处理财产损溢——待处理流动资产损溢

由于材料保管人员等过失造成的材料短缺，如能确定过失人员应负经济责任的，对赔偿款应记入"其他应收款"科目的借方；不能确定过失人员的，经有关部门批准以后，记入"管理费用"的借方。

借：其他应收款（或管理费用）

贷：待处理财产损溢——待处理流动资产损溢

凡由于人力不可抗拒的自然灾害等原因造成的材料短缺，按规定手续报经有关部门批准后，应将扣除保险公司赔款后的净损失，记入"营业外支出——非常损失"科目的借方。

借：营业外支出——非常损失

贷：待处理财产损溢——待处理流动资产损溢

对于材料盘盈的情况，在发生时，应按计划价格成本记入"原材料"科目的借方和"待处理财产损溢——待处理流动资产损溢"科目的贷方。

借：原材料

贷：待处理财产损溢——待处理流动资产损溢

按规定报经批准后，将盘盈材料自"待处理财产损溢——待处理流动资产损溢"科目转入"管理费用"科目的贷方。

借：待处理财产损溢——待处理流动资产损溢

贷：管理费用

## 二、材料跌价准备提取的核算

为了较真实地反映企业材料等存货的可变现净值，避免虚列资产价值，出现虚盈实亏，按照现行《企业会计制度》的规定，企业在对材料等存货进行全面清查时，如发现有遭受毁损、全部或部分陈旧过时或销售价格低于成本等原因，使材料等存货成本不能收回的部分，应当提取存货跌价准备。材料等存货跌价准备，一般应按单个材料、产品的成本高于其可变现净值的差额提取。可变现净值是指企业在正常施工生产经营过程中，以估计售价减去材料销售所需税费后的余值。在实际工作中，对材料跌价准备，可在材料盘点盈亏报告单中增加"可变现单价"和"应提取跌价准备"两栏，将应提取跌价准备的材料亦在该单中填列。应提取材料跌价准备的计算可按下列公式进行。

应提取材料跌价准备 = 材料实际数量 × [ 材料计划单价 × （1 ± 差异分摊率）- 材料可变现单价 ]

在提取材料等存货跌价准备的企业，应设置"存货跌价准备"科目。"存货跌价准备"科目是材料等存货科目的备抵科目，用以核算企业提取的存货跌价准备，期末对本期计算出的材料等存货可变现净值低于成本的差额，应记入"管理费用——计提存货跌价准备"或"资产减值损失"科目（采用《企业会计制度》的建筑施工企业用"管理费用——计提存货跌价准备"科目，采用《企业会计准则》的建筑施工企业用"资产减值损失"科目）的借方和"存货跌价准备"科目的贷方。

借：管理费用——计提的存货跌价准备（或资产减值损失）

贷：存货跌价准备

企业在清查材料等存货时，如发现有已霉烂变质，或已过期且无转让价值，或在施工生产中已不再需要且已无使用价值和转让价值的，应按存货的账面价值（即减去已提跌价准备后的存货价值）记入"管理费用——计提的存货跌价准备"或"资产减值损失"科目的借方，按已提的存货跌价准备记入"存货跌价准备"科目的借方，按存货的账面原值记入"原材料""库存商品"等科目的贷方。

借：管理费用——计提的存货跌价准备（或资产减值损失）

　　存货跌价准备

贷：原材料（或库存商品）

"存货跌价准备"科目的贷方余额，反映企业已提取的材料等存货可变现净值低于成本的跌价准备，在编制资产负债表时，应将其从"存货"项目中减去。

# 第三章 工程施工的财务管理

## 第一节 工程成本核算的意义

工程成本核算是建筑施工企业成本管理的一个极其重要的环节。认真做好工程成本核算工作，对于加强成本管理、促进增产节约、发展企业生产都有着重要的意义。

①通过工程成本核算，将各项生产费用按照它的用途和一定程序，直接计入或分配计入各项工程，正确算出各项工程的实际成本，将实际成本与工程预算进行比较，可以检查工程预算的执行情况。

②通过工程成本核算，可以及时反映在施工过程中人力、物力、财力的耗费情况，检查人工费、材料费、机械使用费、其他直接费用的耗用情况和间接费用定额的执行情况，挖掘降低工程成本的潜力，节约活劳动和物化劳动。

③通过工程成本核算，可以计算建筑施工企业各个施工单位的经济效益和各项承包工程合同的盈亏，分清各个单位的成本责任，在企业内部实行经济责任制，并便于学先进、找差距，开展社会主义竞赛。

④通过工程成本核算，可以为各种不同类型的工程积累经济技术资料，为修订预算定额、施工定额提供依据。

为了做好建筑施工企业的工程成本核算工作，必须从管理要求出发，贯彻"算管结合、算为管用"的原则。管理企业离不开成本计算，但成本计算不是目的，而是管好企业的一个经济手段。离开管理去讲成本计算，成本计算也就失去它应有的意义。

建筑安装工程成本核算是管理建筑施工企业的一个重要管理内容。计算工程成本绝不是对企业的生产耗费进行消极的记录和计算，而是对企业的生产耗费进行积极管理。这就要求我们在生产费用发生以前，根据有关规定，做好事前的审核工作，认真审核企业各项生产费用的支出是否合理合法，是否符合"多快好省"的要求。

为了做好建筑施工企业管理工作，发挥工程成本核算的作用，工程成本的核算必须正确及时。核算不正确，就不能据以考核分析各项消耗定额的执行情况，就不能保证企业再生产资金的合理补偿。核算不及时，就不能及时反映施工活动的经济效益，不能及时发现施工和管理过程中存在的问题。由于建筑安装工程生产属于单件生产，采用订单成本核算法，以及同一工地上各个工程耗用大堆材料，而难以严格区分核算等原因，对大堆材料、周转材料等往往就要按照一定标准分配计入各项工程成本，这就使各项工程的成本带有一定的假定性。因此，对于工程成本核算的正确性，也必须从管理的要求出发，看通过计算提供的成本资料能不能及时满足企业管理的需要。在核算工程成本时，必须防止简单化。如对施工期较长的建筑群工地，不能将工地上各项工程合并作为一个成本核算对象，而必须以单位工程或开竣工时期相近的各项单位工程作为一个成本核算对象。否则，就会形成"一锅煮"的现象，不能满足成本管理的要求。当然，也要防止"为算而算"，脱离管理要求的倾向。烦琐的核算过程，不仅会使会计人员埋头核算，不能深入工地、深入班组，掌握施工生产动态，而且会影响工程成本核算的及时性，使会计人员提供的核算资料不能及时反映施工管理中存在的矛盾，不能为施工管理服务。

因此工程成本的核算，必须从管理要求出发，在满足管理需要的前提下，分别主次，遵循"主要从细、次要从简、细而有用、简而有理"的原则，采取既合理又简便的方法，正确及时地核算企业生产耗费和工程成本，发挥工程成本核算在建筑施工企业管理中的作用。

# 第二节　正确组织工程成本核算的要求

为了更好地调动工程部所有人员的工作积极性，工程部经理一定要正确及时地组织建筑安装工程的成本核算，充分发挥工程成本核算的作用，建筑施工企业一般要按照以下基本要求组织工程成本的核算。

## 一、适应施工管理组织体制，实行统一领导、分级核算模式

在实行公司、工程处（分公司、工区）、施工队（项目经理部）三级管理制的企业，一般可把工程成本核算工作划归工程处，实行公司汇总企业的生产成本，工程处核算工程施工成本，施工队核算本队发生的工料等直接费用的管理模式。具体地说，公司汇总企业的生产成本，指导所属单位建立和健全成本管理制度，汇总成本报表，全面进行生产成本分析；工程处核算工程施工成本，编制施工成本报表，进行工程成本分析；施工队核算工料等直接费用，签发工程任务单和定额领料单，开展班组经济核算，办理设计变更、材料代用等技术经济签证手续，分析工料成本超降的原因。对于那些远离工程处或编制较大的施工队，以及实行项目经理负责制的项目经理部，也可扩大核算范围，核算工程成本。

在实行公司、施工队两级管理制的企业，一般可在公司汇总企业的生产成本，施工队核算工程施工成本。如果公司所属各个施工队专业化程度较高，并在同一地区施工，一个工程中的各项工作大都是由几个施工队完成的，为了简化中间划账的结算手续，也可仅核算本队各项工程发生的工料等直接费用，在公司综合核算工程成本。

不论由哪一级来核算工程成本，各级会计人员都要关心并协助工人搞好班组经济核算，记录好工、料耗用量，分析节约或超支的原因，使成本工作有扎实的群众基础。

## 二、根据核算工程合同损益和施工管理要求，划分成本核算对象

在社会主义市场经济条件下，建筑施工企业的工程任务，是在建筑市场参加工程投标中标以后与发包单位签订承包工程合同获得的。为了正确核算各个工程合同的损益，工程成本核算应考虑工程合同核算的要求，以工程合同中的工程为核算的对象。

一个工程合同，往往不仅是建造一个单项工程，如一幢房屋、一条道路、一座桥梁、一个水坝，有时还建造包括在设计、技术、功能、最终用途等方面密切相关的数个单项工程构成的建设项目。如承建一座由锅炉房、发电室、冷却塔等几个单项工程构成的发电厂，只有这些单项工程相继建成投入使用，发电厂才能正常运转和发电。将这些单项工程包含在一个工程合同中，对于保证建设项目按期完工投产、考核工程质量和综合经济效益来讲是非常必要的。

但是对建筑施工企业来说，如果将发电厂的各个单项工程合并为一个成本核算对象，就不能及时反映和考核工料消耗和施工成本超降的情况，不利于加强施工管理。所以在工程成本核算上，还必须考虑施工管理的要求，来确定工程成本核算的对象。

根据核算工程合同损益和施工管理的要求，工程成本核算的对象，一般应是具有工程预算书的独立建筑物与安装工程的单项工程或单位工程。单项工程或单位工程是编制工程预算和与发包单位签订单项合同、结算工程价款的对象。

①及时地反映各个单项工程或单位工程成本在施工过程中的节约或超支情况，评价施工方案的经济效益，有助于施工单位在施工中加强经营管理。

②使施工单位对所承担的施工工程做到盈亏有数，而且可以与工程预算相比较，考核工程预算的执行情况，以便找差距、挖潜力，寻求进一步降低工程成本的途径。

③通过单项工程或单位工程竣工成本核算，对单位面积成本等进行分析，为降低工程造价提供参考资料。

将几个单项工程合并于一个合同签订的，如建设工期较短的小型建设项目，可合并作为一个成本核算对象。

为了简化工程成本的核算手续，对包括在一个工程合同中、在同一工地施工、结构类型相同的建筑群，可按开竣工时期，将各个单项工程或单位工程划分为几个成本核算对象，把开竣工时期相近的几个单项工程或单位工程，合并作为一个成本核算对象，将它们的成本合并加以核算，然后依据各个单项工程或单位工程预算造价的比例，得出各单项工程或单位工程的实际成本。

将一个工地上建筑群划分为几个成本核算对象进行核算时，对室外工程，如道路、下水道等工程，要作为一个成本核算对象，另行单独核算，对于大型临时设施，也要与其他工程划分，单独核算成本。

成本核算对象确定以后，企业各有关部门都要共同遵守。所有成本核算的凭证和原始

记录，都须按照统一规定的成本核算对象填写清楚。各项费用开支，都要切实按用途和成本核算对象来划分，以便正确核算各项工程成本。

# 三、划清各项费用开支界限，严格遵守成本开支范围

建筑施工企业发生的费用是多种多样的，并非所有支出都可计入工程、产品成本，如固定资产新建、扩建支出，固定资产更新改造支出，集体福利设施支出等，因与工程、产品的施工生产没有直接的联系，都不能计入工程、产品成本。国家根据成本的客观经济内容以及企业实行经济核算制和加强成本管理的客观要求，对哪些费用应列入成本开支，哪些费用不允许列入成本开支，都做了统一的规定。因此，严格遵守成本开支范围，是一项重要的财经纪律，也是正确核算工程成本的最起码的要求。

严格遵守国家规定的成本开支范围，是企业加强成本管理，促进成本降低的重要一环。国家统一规定的成本开支范围，为企业控制成本费用开支提供了制度依据。

企业遵守成本开支范围规定的过程，实际上就是企业对成本开支进行控制的过程。一个企业杜绝了乱挤成本的现象，制止了不合理的费用开支，就能直接收到降低成本的良好效果；反之，企业任意违反国家规定，乱挤成本，必然会提高工程成本，从而降低企业的盈利水平。

按照统一规定的成本开支范围进行成本核算，既能保证工程成本的正确性，又能保证工程成本的可比性。我们知道，加强企业成本核算，不仅在于记录和核算企业生产耗费的多少，更重要的是通过工程成本的核算和对比分析，找出差距，暴露薄弱环节，以便及时采取措施，进一步挖掘企业内部潜力，克服工作中的缺点，不断降低工程成本。企业的成本核算，既要讲求正确性，又要注意可比性，而以国家统一规定的成本开支范围作为核算成本的依据，就能使不同企业的工程成本的核算内容具有可比的基础，保证工程成本核算的正确性和可比性。

## （一）工程成本划分的要点

为了划清各项费用开支的界限，严格遵守成本开支范围，建筑施工企业在核算工程成本时，要正确划分以下费用开支界限。

①成本开支同专项工程支出的界限。

②成本开支同期间费用的界限。按照现行制度规定，只有直接费用和间接费用才可计入工程施工成本，而企业管理费用和财务费用只能作为期间费用计入当期损益。

③成本开支与营业外支出的界限。

## （二）工程成本划分的其他注意事项

对于列入工程成本开支范围的生产费用，在成本核算时还要正确划分以下方面。

①各个月份的费用界限。

②各个成本核算对象间的费用界限。

③各个成本项目间的费用界限。

## 四、加强基础工作，保证工程成本核算资料的质量

为了保证工程成本核算的数字真实可靠，要做好各项与成本核算密切相关的基础工作，使施工过程中的劳动消耗和施工活动的经济效益，能够及时、正确地反映出来。在这些基础工作中，除了制定符合企业实际情况的各项施工定额外，还包括材料物资的计量、验收、领退、保管制度和各项消耗的原始记录。

### （一）施工定额

定额是用数量来控制企业施工经营活动的手段。施工定额是在一定的施工技术和施工组织条件下，企业在人力、物力、财力的利用和消耗方面应当达到的标准。施工定额和据以核算工程造价的预算定额不同。预算定额是建筑生产部门的平均定额，而施工定额是企业定额。因此，施工定额是编制企业计划的依据，也是企业进行成本控制和分析的依据。正确制定施工定额，对于推动企业厉行节约、提高经济效益、降低工程成本具有重要的意义。

建筑施工企业的施工定额，主要有劳动定额、材料消耗定额、机械设备利用定额、工具消耗定额、费用定额等。

①劳动定额据以签发工程任务单，考核班组工效。

②材料消耗定额据以签发领料单，考核班组材料消耗。

③机械设备利用定额和工具消耗定额，据以考核机械设备效率和工具节约情况。

④费用定额据以控制费用开支。

各项施工定额既要积极先进，又要切合实际。在制定定额时，要充分发动群众，并且要注意结合本企业的施工条件和施工组织管理水平。

### （二）收支手续和制度

企业对于资金的收支、物资的进出，都应同有关部门密切配合，严格凭证手续，健全管理制度，避免收支不清、手续不全的现象。

①工程施工所需的材料，从采购到领用，都要有计量、验收、领退手续。如果材料进场不验收，供应单位账单上列多少就算多少，不仅不利于企业的经济核算，而且还会给贪污盗窃分子以可乘之机。

②企业内部各单位、各部门领用材料时，都要办理必要的手续，严格执行审批制度。现场进料的数量，要与工程用料预算相符，防止多进材料的行为，以免往返运输。

③各施工班组耗用的材料，要按施工定额发给，以免造成浪费。用剩的材料，要办理退库或转移手续。月末现场已领未用材料，要进行盘点。

④库存材料，要定期进行清查，做到账物相符，防止差错和变质。对于大堆材料，如砖、瓦、砂、石等，也应采取一些简便易行的计量方法，定期进行盘点。

### （三）原始记录

原始记录是企业经济业务实际发生或完成情况的书面证明，是明确经济责任并据以记账的依据。如果原始记录不可靠，工程成本核算就不会正确。为此，我们必须根据部门分工，建立和健全原始记录的填制、审核和交接等责任制度，使每项原始记录都有人负责。对施工经营管理过程中发生的各项经济业务，如对材料的验收、领退、转移和盘点，工时的消耗，机械设备的利用，费用的开支，月末已完工程的盘点等，都要正确及时地做好原始记录，以便正确核算材料消耗，合理分配工资和其他施工费用，做到物资进出有手续、工时消耗有数据、工完料清出成本。

# 第三节　材料费和人工费的核算

## 一、材料费的核算

工程成本中的"材料费"项目，包括在施工过程中耗用的、构成工程实体的或有助于工程形成的各种主要材料、结构件的实际成本以及周转材料的摊销及租赁费用。在工程成本核算中，主要材料、结构件的耗用数，通常可于月终根据领料单、定额领料单、大堆材料耗用单、退料单、已领未用材料清单等，分主要材料、结构件，按各个成本核算对象，分别汇总编制耗用材料分配表，汇总核算各个成本核算对象耗用材料的计划价格成本和分摊的材料成本差异，据以记入各项工程成本的"材料费"项目。

对于几种主要材料，如钢材、木材、水泥、砖、瓦、砂、石、石灰、沥青、油毡等，最好在耗用材料分配表的背面按成本核算对象分别汇总它们的耗用数量，以便与按预算定额或施工定额核算的耗用量对比，分析各项工程成本中材料费超降的原因。

周转材料的摊销额可根据周转材料摊销额核算表记入各项工程成本的"材料费"项目。周转材料租赁费可根据租赁费用账单，记入各项工程成本的"材料费"项目。

## 二、人工费的核算

工程成本中的"人工费"项目，包括直接从事建筑安装工程的施工工人及现场从事运料、配料等辅助工作工人的工资和职工福利费。

在工程成本核算中，计时工人的工资，可根据工时汇总表中各项工程耗用的作业工时总数和各该施工单位的平均工资率核算。所谓施工单位平均工资率，就是用月份内各该施工单位建筑安装工人（包括辅助工人）作业工时总和，除以建筑安装工人（包括辅助工人）的工资总额和职工福利费所得的结果。

# 第四节 机械使用费的内容、核算与分配

## 一、机械使用费的内容和核算

工程成本中的"机械使用费",是指建筑施工企业在机械化施工中使用施工机械而发生的各项费用。随着工程机械化施工程度的不断提高,机械使用费在工程成本中的比重也日益增长。因此,加强施工机械的管理和核算,对于提高施工机械的利用率、加快施工进度、节约劳动力和降低工程成本都有着重要的意义。

### (一)施工机械的管理方法

合理组织机械施工工作,在充分利用机械设备、确保工程工期、降低机械使用费方面起着很大的作用。

目前,对建筑施工企业的施工机械,一般采用以下两种管理方法。

①一般中小型机械,如小型挖土机、机动翻斗车、混凝土搅拌机、砂浆搅拌机等,由土建施工单位使用并负责管理。

②大型机械和数量不多的特殊机械设备,如大型挖土机、推土机、压路机、大型吊车、升板滑模设备等,由机械施工单位负责管理,根据各土建施工单位施工的需要,由机械施工单位进行施工,或将机械租给土建施工单位,向土建施工单位收取机械台班费或机械租赁费。

### (二)机械使用费的内容

为了便于与预算数对比分析,机械使用费的内容要和机械台班费定额中规定的内容相同,一般包括以下内容。

①人工费指机械操作人员的工资和职工福利费。

②燃料、动力费指施工机械耗用的燃料、动力费。

③材料费指施工机械耗用的润滑材料和擦拭材料费用等。

④折旧修理费指对施工机械计提的折旧费、大修理费用摊销和发生的经常修理费,以及租赁施工机械的租赁费。

⑤替换工具、部件费指施工机械上使用的传动皮带、轮胎、胶皮管、钢丝绳、变压器、开关、电线、电缆等替换工具和部件的摊销和维修费。

⑥运输装卸费指将施工机械运到施工现场、运离施工现场(若运往其他现场,运出费用则由其他施工现场的工程成本负担)和在施工现场范围内转移的运输、安装、拆卸及试车等费用。对于小型施工机械,其运输费一般都包括在机械台班费定额内。如果数额不大,可直接记入"生产成本——机械作业成本"或"机械作业"科目,列为当月工程成本。如果数额较大,可先记入"待摊费用"科目,然后按照在现场内施工期限分次从"待摊费用"

科目转入"生产成本——机械作业成本"或"机械作业"科目，摊入各月工程成本。对于大型施工机械的运输费（即大型机械场外运输费），由于数额较大，可先记入"待摊费用"科目，在收到发包单位机械场外运输费用时，再自"待摊费用"科目一次转入"生产成本——机械作业成本"或"机械作业"科目。当场外运输费由一个核算对象负担时，则应一次转入"生产成本——工程施工成本"或"工程施工"科目。

⑦辅助设施费指为使用施工机械而建造、铺设的基础、底座、工作台、行走轨道等费用。施工机械的辅助设施费，如果数额较大，也应先记入"待摊费用"或"长期待摊费用"科目，然后按照在现场内施工的期限，分次从"待摊费用"或"长期待摊费用"科目转入"生产成本——机械作业成本"或"机械作业"科目，摊入各月工程成本。

⑧养路费、牌照税指为施工运输机械（如铲车等）缴纳的养路费和牌照税。

⑨间接费用指机械施工单位组织机械施工、保管机械发生的费用，如停机棚的折旧、维修费等。如果是内部独立核算单位，应设置间接费用明细分类账，进行明细分类核算。

至于施工机械所加工的各种材料，如搅拌混凝土时所用的水泥、砂、石等，应记入工程成本的"材料费"项目，为施工机械担任运料、配料和搬运成品的工人工资，应记入工程成本的"人工费"项目。

### （三）机械使用费的分类核算

#### 1.机械使用费的总分类核算

机械使用费的总分类核算在"生产成本——机械作业成本"或"机械作业"科目内进行。企业发生的各项机械使用费，都要自"原材料""低值易耗品——低值易耗品摊销""材料成本差异""生产成本——辅助生产成本""待摊费用""银行存款""应付工资"或"应付职工薪酬——应付工资""应付福利费"或"应付职工薪酬——应付福利费""累计折旧""长期待摊费用"等科目的贷方转入"生产成本——机械作业"或"机械作业"科目的借方，做如下分录入账。

借：生产成本——机械作业成本（或机械作业）
贷：原材料
　　低值易耗品——低值易耗品摊销
　　材料成本差异
　　生产成本——辅助生产成本
　　待摊费用
　　银行存款
　　应付工资（或应付职工薪酬——应付工资）
　　应付福利费（或应付职工薪酬——应付福利费）
　　累计折旧
　　长期待摊费用

### 2. 机械使用费的明细分类核算

①对于大型施工机械，可按每台机械分别进行。

②对于中型施工机械，一般可按机械类别进行。

③对于没有专人使用的小型施工机械，如打夯机、卷扬机、砂浆机、钢筋木工机械等，可合并进行，并仅核算它们的折旧、修理费。

对于只有一个成本核算对象的施工现场中的各种施工机械，也可按施工现场设置机械作业明细分类账，记录该现场中各种施工机械的使用费，于月终将发生的使用费记入该现场工程成本的"机械使用费"项目。

## 二、机械使用费的分配

机械使用费的分配，一般都以施工机械的工作台时（台班）或完成工程量为标准。各施工机械对各个成本核算对象施工的工作台时（台班）或完成工程量，可以根据各种机械的使用记录，在机械使用月报中加以汇总。

根据机械作业明细分类账记录的机械使用费合计数和机械使用月报中各个成本核算对象的工作台时（台班）或完成工程量，就可通过下列公式，将机械使用费进行分配。

某项工程应分配的机械使用费 = 该项工程使用机械的工作台时（台班）或完成工程量 × 机械使用费合计 / 机械工作台时（台班）或完成工程量合计

为了简化核算流程，对于各种中型施工机械的机械使用费的明细分类核算，也可不分机械类别进行。在这种情况下，对于各个成本核算对象应分配的机械使用费，可在月终先根据机械使用月报中各种机械的工作台时（台班）或完成工程量合计，和各机械台时费计划数（或台班费计划数、或单位工程量机械使用费计划数），算出当月按台时费计划数核算的机械使用费合计，再核算实际发生的机械使用费占按台时费计划数核算的机械使用费计划数合计的百分比，然后将各个成本核算对象按台时费计划数核算的机械使用费计划数，按算出的百分比加以调整。

按台时费计划数核算的机械使用费合计 =S（机械工作台时合计 × 该机械台时费计划数）

某项工程应分配的机械使用费 =X（该项工程使用机械的工作台时 × 机械台时费计划数）× 实际发生的机械使用费 / 按台时费计划数核算的机械使用费合计

现举例说明机械使用费的分配核算方法如下。

①先确定各种施工机械每个台时费计划数。

施工机械台时费计划数的核算，可参照以往核算资料确定，也可根据施工机械原值、折旧率、大修理费用、随机操作人员工资、估计年工作台时等资料加以核算。

以 0.3 立方米履带挖土机为例。

随机操作人员工资及福利费 4 200 元（1 人 × 个人年工资 4 200 元）

动力用电费 1 760 元（年工作 220 台班 × 平均台班电费 8 元）

折旧费 3 600 元（机械原值 50 000 元 × 年折旧率 7.2%）

大修理费 1 800 元

经常修理费 1 800 元

运输装卸费 2 400 元（12 次 × 每次 200 元）

替换工具、部件费及其他 1 452 元

年度机械使用费计划数合计 17 012 元

上列动力用电费，若和其他施工用电费划分不开，可并入其他直接费用项目核算，在核算机械台时费计划数时，就不再核算。

②求出各种施工机械按台时费计划数核算的机械使用费合计。

以 0.3 立方米履带挖土机为例。

290 台时 × 台时费计划数 10 元 =2 900 元

以 0.4 立方米混凝土搅拌机为例。

300 台时 × 台时费计划数 3.2 元 =960 元

其他施工机械 12 140 元

按台时费计划数核算的机械使用费合计 16 000 元

第一，根据机械作业明细分类账汇总核算实际发生的机械使用费。假设上例的实际机械使用费为 15 200 元。

第二，核算机械使用费实际数占按台时费计划数核算的百分比。

第三，将各成本核算对象按台时费计划数核算的机械使用费，按算出的百分比加以调整。

某项工程应分配的机械使用费 =S（该项工程使用机械的工作台时 × 机械台时费计划数）× 机械使用费实际数占台时费计划数核算的百分比

例如，某厂房建筑工程按各机械工作台时和按台时费计划数核算的机械使用费合计数为 6 000 元。

应分配的机械使用费为，6 000×95%=5 700 元。

在实际工作中，对于各项工程的机械使用费，在平时也可先按台时费计划数核算的机械使用费入账，于季末或年末再按实际发生的机械使用费加以调整。这样做，既可简化核算手续，又可均衡各月工程成本负担的机械使用费，使工程成本不受转移工地、季节施工等客观条件变化的影响。在此情况下，施工机械发生的场外运输费和辅助设施费，也可不必先记入"待摊费用"科目，而直接记入"生产成本——机械作业成本"或"机械作业"科目。当然，这必须有比较切合实际的机械台时费计划数。

对于小型施工机械，一般没有专人使用，也没有使用记录，当然也不可能按机械使用台时进行分配。小型施工机械的折旧、修理费,可于月末按各个成本核算对象的工料费(或人工费)的比例,分别记入各项工程成本的"机械使用费"项目。

### 三、机械施工单位对机械使用费的核算

机械施工单位的机械使用费,除了包括机上操作人员工资、燃料和动力费、材料费、机械折旧费、修理费、替换工具和部件费、运输装卸费、辅助设施费和养路费、牌照税外,还包括为组织机械施工和保管机械而发生的各项间接费用。

机械施工单位如果作为建筑施工企业的一个内部核算单位,当它为各土建施工单位施工时,应按实际发生的机械使用费(包括间接费用,下同)向土建施工单位进行结算。否则,土建施工单位就算不出各项工程在本企业内发生的实际成本。

为了使土建施工单位及时结算工程成本并简化核算手续,机械施工单位为土建施工单位施工的机械使用费,也可按机械台时费计划数(或台班费计划数,或单位工程量机械使用费计划数,下同)核算的机械使用费先行结算,于季末、年末再将按台时费计划数核算的结算数,按实际发生的机械使用费加以调整。

# 第五节　其他直接费用的内容、核算与运输作业成本核算

## 一、其他直接费用的内容和核算

### (一)其他直接费用的内容

工程成本项目中的其他直接费用,是指为完成工程项目施工,发生于施工前和施工过程中,但不能计入材料费、人工费、机械使用费项目的其他生产费用。

①环境保护费指施工现场为达到环保部门要求所发生的各项费用。

②安全施工费指施工现场达到安全施工所发生的各项费用。

③临时设施费指为工程施工所必须搭设的生产生活用的临时宿舍、文化福利及公用设施、仓库、办公室、加工厂,以及规定范围内道路、水、电、管线等临时设施的搭设、维修、拆除费或摊销费。

④施工排水、降水费指为确保工程在正常条件下施工,采取各种排水、降水措施所发生的各种费用。

⑤施工过程中耗用的水、电、风、蒸汽费。

⑥冬、雨季施工费指为保证工程质量,采取保温、防雨措施而增加的材料、人工和各项设施的费用。

⑦夜间施工增加费指组织夜间连续施工而发生的照明设施摊销费和夜餐补助费等。

⑧因场地狭小等原因而发生的材料两次搬运费。

⑨土方运输费。

⑩生产工具、仪器使用费指施工生产所需的不属于固定资产的生产工具、仪器仪表等的购置、摊销和维修费。

⑪检验试验费指对建筑材料、构件和建筑安装物进行一般鉴定、检查所发生的费用。

此外，铁路、公路、通信、输电、长距离输送管道等工程在原始森林、高原、沙漠等特殊地区施工的，还包括特殊地区施工增加费。

## （二）其他直接费用的核算

各施工单位在现场耗用的水、电、风、蒸汽和运输等成本，如由企业所属辅助生产单位自己供应，应通过"生产成本——辅助生产成本"科目核算，将发生的费用先记入"生产成本——辅助生产成本"科目的借方（如由企业内部独立核算运输队进行运输作业，应通过"生产成本——机械作业成本"或"机械作业"科目核算），然后根据各个成本核算对象耗用的数量，按照上节所述机械使用费的分配方法，在各个成本核算对象间进行分配，将分配数记入"生产成本——工程施工成本"或"工程施工"科目的借方和各项工程成本的"其他直接费用"项目。

借：生产成本——工程施工成本（或工程施工）

贷：生产成本——辅助生产成本

各施工单位在现场耗用的水、电、风、蒸汽和运输等成本，如由其他企业或企业所属内部独立核算单位供应，可按实际结算数记入"生产成本——工程施工成本"或"工程施工"科目的借方和有关工程成本的"其他直接费用"项目。

借：生产成本—— 工程施工成本（或工程施工）

贷：银行存款（或内部往来）

对于不能直接记入各个成本核算对象的水、电、风、蒸汽等费用，可在月终根据各个成本核算对象的实际用量、定额用量等，编制水、电、风、蒸汽、运输费用分配表，将各项费用分配于各个成本核算对象中。

根据水、电、风、蒸汽、运输费用分配表，就可将各个成本核算对象分配的水、电、风、蒸汽、运输费用记入各项工程成本的"其他直接费用"项目。

对于在施工现场发生的环境保护费、安全施工费、临时设施费、施工排水降水费、冬雨季施工费、夜间施工增加费、生产工具仪器使用费、检验试验费，凡能直接记入某个成本核算对象的，应直接记入，不能直接记入某个成本核算对象的，应先汇总登记，然后按照一定标准（如人工费、材料费和机械使用费）进行分配，将分配后的数额记入各个成本核算对象。

## 二、运输作业成本的核算

建筑施工企业所属的运输队，主要为施工单位等提供运输作业，将土方、材料、构件、工具等运到指定地点。运输作业的计量单位，一般是吨公里或台班，每一吨公里或台班的费用支出，就是它的单位成本。在以吨公里为运输作业计量单位的运输队，一般只要为运输作业设置一份机械作业成本明细分类账，按成本项目（一般可分设人工费、燃料动力费、材料费、折旧修理费、替换工具部件费、其他直接费用、间接费用等项目）分栏登记发生的生产费用，以完成的吨公里除以当月发生的生产费用，求得每一吨公里运输成本。

吨公里运输成本费用在以台班为运输作业计量单位的运输队，若没有进行单车核算的，一般要为车辆的不同类型（如4吨载重汽车、8吨载重汽车、15吨载重汽车、3.5吨自卸汽车、7吨自卸汽车等）分别设置机械作业成本明细分类账。因为车辆的类型不同，台班的收费和成本也不一样，所以应分别核算。以各类车辆完成的台班数除以车辆产生的生产费用，求得该类车辆的台班运输成本。

# 第六节　间接费用的内容、核算与分配

## 一、间接费用的内容和核算

建筑安装工程成本中除了各项直接费用外，还包括企业所属各施工单位，如工程处、施工队、项目经理部为施工准备、组织和管理施工生产所发生的各项费用。这些费用不能确定其为某项工程所应负担，因而无法将它直接记入某个成本核算对象。为了简化核算手续，可将它先记入"生产成本——工程施工成本——间接费用"或"工程施工——间接费用"科目，然后按照适当的分配标准，将它记入各项工程成本。

### （一）间接费用的内容

为了编制施工单位间接费用预算，组织间接费用的明细分类核算，以便据以考核费用预算的执行效果，分析各项费用增减变动的原因，进一步节约费用开支，降低工程成本，间接费用应按有关规定分设如下明细项目。

①管理人员工资指施工单位管理人员的工资、奖金和工资性津贴。

②职工福利费指按照施工单位管理人员工资总额的14%提取的职工福利费。

③劳动保护费指用于施工单位职工的劳动保护用品和技术安全设施的购置、摊销和修理费，如供职工保健用的解毒剂、营养品、防暑饮料、洗涤肥皂等物品的购置费或补助费，以及工地上职工洗澡、饮水的燃料费等。

④办公费指施工单位管理部门办公用的文具、纸张、账表、印刷、邮电、书报、会议、水电、烧水和集体取暖（包括现场临时宿舍取暖）用煤等费用。

⑤差旅交通费指施工单位职工因公出差期间的旅费，住勤补助费，市内交通费和误餐补助费，职工探亲路费，劳动力招募费，职工离退休、退职一次性路费，工伤人员就医路费，工地转移费，以及现场管理使用的交通工具的油料、燃料、养路费及牌照费等。

⑥折旧费指施工单位施工管理和试验部门等使用属于固定资产的房屋、设备、仪器，以及不实行内部独立核算的辅助生产单位的厂房等的折旧费。

⑦修理费指施工单位施工管理和试验部门等使用属于固定资产的房屋、设备、仪器，以及不实行内部独立核算的辅助生产单位的厂房等的经常修理费和大修理费。

⑧工具用具使用费指施工单位施工管理和试验部门等使用不属于固定资产的工具、器具、家具和检验、试验、测绘、消防用具等的购置、摊销和维修费。

⑨保险费指施工管理用财产、车辆保险费，以及海上、高空、井下作业等特殊工种安全保险费。

⑩工程保修费指工程竣工交付使用后，在规定保修期以内的修理费用，应采用预提方式计入。

其他费用指上列各项费用以外的其他间接费用，如工程排污费等。

从间接费用明细项目中，可以看出它与材料费等变动费用不同。它属于相对固定的费用，其费用总额并不随着工程量的增减而成比例增减。但就单位工程分摊的费用来说，则随着工程数量的变动成反比例变动，即完成工程数量增加，单位工程分摊的费用随之减少；反之，完成工程数量减少，单位工程分摊的费用随之增加。因此，超额完成工程任务，也可降低工程成本。

## （二）间接费用的核算

### 1.总分类核算

施工单位间接费用的总分类核算，在"生产成本——工程施工成本——间接费用"或"工程施工——间接费用"科目进行。在费用发生时，都要自"原材料""低值易耗品——低值易耗品摊销""材料成本差异""应付工资"或"应付职工薪酬——应付工资""应付福利费"或"应付职工薪酬——应付福利费""银行存款""现金""累计折旧""长期待摊费用""预提费用"等科目的贷方转入"生产成本——工程施工成本——间接费用"或"工程施工——间接费用"科目的借方，做如下分录入账。

借：生产成本——工程施工成本——间接费用（或工程施工——间接费用）

贷：原材料

低值易耗品——低值易耗品摊销

材料成本差异

应付工资（或应付职工薪酬——应付工资）

应付福利费（或应付职工薪酬——应付福利费）

银行存款

现金

累计折旧

长期待摊费用

预提费用

**2.明细分类核算**

间接费用的明细分类核算，一般要按施工单位设置的间接费用明细分类账，将发生的间接费用按明细项目分栏登记。

## 二、间接费用的分配

每月终了，应对间接费用进行分配。因为间接费用是在企业下属的直接组织和管理施工生产活动的单位中发生的费用，这些施工单位同时进行多项工程的施工，其发生的费用也应由这些工程共同负担，所以必须对间接费用进行分配。间接费用的分配方法，主要有直接费用比例法和人工费比例法。

①直接费用比例法。

所谓直接费用比例法，就是以各项工程（即成本核算对象）发生的直接费用为基数分配间接费用的一种方法。

某项工程应分配的间接费用 = 该项工程本月实际发生的直接费用 × 间接费用分配率

②人工费比例法。

所谓人工费比例法，就是以各项工程发生的人工费为基数分配间接费用的一种方法。对只有建筑工程或只有安装工程的建筑施工企业来说，是合理的。但对一个既有建筑工程又有安装工程的建筑施工企业来说，就很不合理。因为在工程成本中，建筑工程主要是材料费，安装工程主要是人工费，如按直接费用比例分配间接费用，就会使安装工程分配的间接费用过少，如按人工费比例分配间接费用，又会使建筑工程分配的间接费用过少。在这种情况下，就可根据历史数据或过去预算定额，对建筑工程测算按直接费用比例分配的间接费用定额，对安装工程测算按人工费比例分配的间接费用定额，然后按下列核算公式，将各月实际发生的间接费用，按各项工程间接费用定额核算的间接费用的比例进行分配。

某项工程本月应分配的间接费用 = 本月实际发生的间接费用 × 该项工程本月实际发生的直接费用或人工费 × 该项工程规定的间接费用定额 /Z（各项工程本月实际发生的直接费用或人工费 × 各项工程规定的间接费用定额）

在实际核算工作中，对于间接费用的分配，往往先核算本月实际发生的间接费用与按间接费用定额核算的间接费用的百分比，再将各项建筑安装工程按定额核算的间接费用进行调整。

某项工程本月应分配的间接费用＝该项工程本月实际发生的直接费和人工费 × 该项工程规定的间接费用定额 × 本月实际发生的间接费用 /Z（各项工程本月实际发生的直接费用或人工费 × 各项工程规定的间接费用定额）

对于分配到各项工程的间接费用，应自"生产成本——工程施工成本——间接费用"或"工程施工——间接费用"科目的贷方转入"生产成本——工程施工成本"或"工程施工"科目的借方。并记入各项工程施工成本明细分类账的"间接费用"项目。

借：生产成本——工程施工成本（或工程施工）

贷：生产成本——工程施工成本——间接费用（或工程施工——间接费用）

# 第七节　临时设施的内容与核算

## 一、临时设施的内容

所谓临时设施是建筑施工企业为了保证施工和管理的正常进行而建造的各种临时性生产、生活设施。

建筑施工企业之所以需要搭建临时设施，是由建筑安装工程的固定性和建筑施工的流动性所决定的。每当施工队伍进入新的建筑工地时，为了保证施工的顺利进行，必须搭建一些临时设施。这些临时设施在工程完工以后就失去了它原来的作用，必须拆除或做其他处理，这是建筑施工企业的一个特点。

### （一）临时设施分类

建筑工地搭建的临时设施，通常可分为大型临时设施和小型临时设施两类，包括如下内容。

#### 1.大型临时设施

①施工人员的临时宿舍。

②食堂、浴室、医务室、图书馆、理发室和托儿所等现场临时性文化福利设施。

③施工单位及附属企业在现场的临时办公室。

④现场各种临时仓库和施工机械设备库。

⑤临时铁路专用线、轻便轨道、塔式起重机路基、临时道路、场区刺网、围墙等。

⑥在施工过程中应用的临时给水、排水、供电、供热和管道（不包括设备）等。

⑦施工现场的混凝土构件预制厂、混凝土搅拌站、钢筋加工厂、木材加工厂以及辅助单位的附属加工厂等临时性建筑物。

## 2.小型临时设施

现场施工和警卫安全用的小型临时设施，如作业棚、机棚、休息棚、化灰池、施工用不固定的水管、电线、宽三米以内的便道、临时刺网等。

保管器材用的小型临时设施，如简易料棚、工具储藏室等。

行政管理用的小型临时设施，如工地收发室等。

### （二）临时设施的管理

目前建筑施工企业在施工现场所需的临时设施（包括大型临时设施和小型临时设施）有两种：一种是由建设单位投资搭建，产权归建设单位所有，其费用由建设单位摊入建设成本，无偿供施工单位使用的；另一种是由建筑施工企业利用向发包单位收取的临时设施费来建造的。其取费办法，目前有如下两种。

①由企业按照地区规定的临时设施费的取费标准与工程价款一起向发包单位收取。临时设施费的取费标准，由各地区根据具体情况，经过测算确定。

②由企业按照施工组织设计的规划，编制临时设施预算，经有关部门审批后，向发包建设单位收取。

建筑施工企业在施工过程中，应尽量利用施工现场可用作临时设施的原有建筑物。必须搭建的临时设施，也应根据自然条件、工期长短，本着就地取材、因陋就简的原则加以解决，做到既满足施工的需要，又节约搭建临时设施的费用开支。对于拆除临时设施的残余材料，要及时回收，防止丢失。

## 二、临时设施搭建、摊销、清理的核算

为了全面反映临时设施的搭建、摊销、拆除清理情况，企业应设置"临时设施""临时设施摊销"和"固定资产清理——临时设施清理"三个科目进行核算。

### （一）临时设施搭建的核算

建筑施工企业购置、搭建临时设施发生的各项支出，应记入"临时设施"科目的借方。但对需要通过建筑安装施工活动才能完成的临时设施，其支出应先通过"专项工程支出"科目或"在建专项工程"科目进行核算，在临时设施搭建完成交付使用时，再由"专项工程支出"科目或"在建专项工程"科目将其实际成本转入"临时设施"科目的借方。

例如，某建筑施工企业在施工现场搭建临时办公室和仓库过程中，共领用建筑材料135 000元，应付工人工资75 000元时，应先将其领用的材料费和发生的人工费等记入"专项工程支出"科目或"在建专项工程"科目的借方和"库存材料"科目或"原材料""应付工资""应付福利费"等科目的贷方，做如下分录入账。

借：专项工程支出

贷：库存材料（或原材料）

应付工资

应付福利费

在搭建完成交付使用时，再将其实际成本 219 000 元由"专项工程支出"科目或"在建专项工程"科目的贷方转入"临时设施"科目的借方。

借：临时设施

贷：专项工程支出

## （二）临时设施摊销的核算

建筑施工企业的临时设施，应根据其使用期限和服务对象合理确定分摊方法，按月进行摊销。由于临时设施一般在工程完工后必须拆除，因此临时设施的使用期限，不得长于工程施工期限，即要按耐用期限和工程施工期限中较短者来作为临时设施使用期限。临时设施月摊销额的核算公式如下。

临时设施月摊销额 = 临时设施原值 × （1- 预计净残值率）/ 使用期限（月）

如上述临时办公室和仓库，预计净残值率为 4%，它虽可使用 4 年，但由于工程施工期限为 2 年，就应在 24 个月内进行摊销。

月摊销额 =219 000 × （1-4%）+24=8 760 元

临时设施摊销额，应分摊计入各有关工程的施工成本。为了简化核算手续，可与该工程发生的其他间接费用一并进行分配。

建筑施工企业每月摊销的临时设施摊销，应记入"工程设施——间接费用"科目或"生产成本——工程施工成本——间接费用"科目的借方和"临时设施摊销"科目的贷方，做如下分录入账。

借：工程设施——间接费用（或生产成本——工程施工成本——间接费用）8 760

贷：临时设施摊销 8 760

## （三）临时设施拆除清理的核算

建筑施工企业在工地搭建的临时设施，在不需用或不能继续使用时，要加以拆除清理。临时设施的拆除清理，应通过"固定资产清理——临时设施清理"科目进行核算。在拆除清理临时设施时，应将临时设施的账面净值（账面原值减去已提摊销额）记入"固定资产清理——临时设施清理"科目的借方，将临时设施的账面净值记入"临时设施"科目的贷方，将已提摊销额记入"临时设施摊销"科目的借方，收回的残料价值和发生的变价收入记入"库存材料"或"原材料""银行存款"等科目的借方和"固定资产清理——临时设施清理"科目的贷方，发生的清理费用应记入"固定资产清理——临时设施清理"科目的借方和"银行存款""应付工资"等科目的贷方。收回残料价值和变价收入如大于临时设施的账面净值和清理费用，为清理净收益，应记入"固定资产清理——临时设施清理"科目的借方和"营业外收入——处理临时设施净收益"科目的贷方；如临时设施的账面净值和清理费用大于收回残料价值和变价收入，为清理净损失，应记入"营业外支出——处理临时设施净损失"科目的借方和"固定资产清理——临时设施清理"科目的贷方。

如上述建筑施工企业在工程完工时将原值219 000元、已提摊销额175 200元的临时办公室和仓库拆除清理。在清理过程中，共发生清理人工费4 000元，收回残料作价3 000元入库。则在开始清理临时设施、注销临时设施原值和已提摊销额时，应做如下分录入账。

借：固定资产清理——临时设施清理 43 800
　　临时设施摊销 175 200
贷：临时设施 219 000

发生人工清理费时，做如下分录。

借：固定资产清理——临时设施清理 4 000
贷：应付工资 4 000

收回残料作价入库时，做如下分录。

借：库存材料（或原材料）3 000
贷：固定资产清理——临时设施清理 3 000

由于临时设施账面净值43 800元（219 000-175 200）加清理费用4 000元大于收回残料变价收入3 000元，发生清理净损失44 800元（43 800+4 000-3 000），应将它自"固定资产清理——临时设施清理"科目的贷方转入"营业外支出——处理临时设施净支出"科目的借方，应做如下分录入账。

借：营业外支出——处理临时设施净支出 44 800
贷：固定资产清理——临时设施清理 44 800

# 第八节　在建专项工程的核算

建筑施工企业除了承包发包建设单位的建筑安装工程施工任务外，往往还有企业固定资产的新建、扩建、改造、大修工程和临时设施搭建工程等建设任务。这些与固定资产、临时设施建造、安装、大修等有关的工程，在《企业会计制度》中叫作在建工程，并在"在建工程"科目核算其支出。为了避免与企业承包的在建工程相互混淆，本书将它叫作专项工程，在"在建专项工程"科目核算其支出。

## 一、专项工程的核算对象和支出项目

要组织专项工程的核算，必先明确其核算的目的，并界定其支出的内容。企业组织专项工程核算的目的，主要是确定固定资产和临时设施的价值。要确定固定资产和临时设施的价值必须界定建设过程中哪些支出可以计入，哪些支出不得计入。按照现行《企业会计制度》的规定，通过"在建专项工程"科目计入固定资产和临时设施的工程支出，主要有以下内容。

①建筑工程支出包括一般土建工程和水、暖、电、卫、煤气、通风工程等支出，设备基础、支柱工程支出。

②安装工程支出指需要安装设备的安装工程支出。

③设备购置费是指采购设备的直接支出。

④工程建设其他支出包括工程项目可行性研究费、勘察设计费、合同公证费、负荷联合试车费、工程管理监理费、工程建设过程借款费用等。

至于新建、扩建工程项目发生的土地批租费或土地征用及拆迁补偿费，可直接记入"无形资产——土地使用权"科目；购入不需要安装设备的支出，可直接记入"固定资产"科目，以上各项均可不必通过"在建专项工程"科目进行核算。

要核算各项固定资产和临时设施的工程支出，还要划分工程支出的核算对象，并根据核算对象设置工程支出明细分类账进行在建专项工程支出的明细核算。

房屋、建筑物工程支出的核算对象，一般应以一个完整、独立的房屋或建筑物为一个核算对象，如厂房、办公室、仓库、宿舍等，包括一般土建工程和水、暖、电、卫、煤气、通风工程等，并按"建筑工程支出"（包括材料费、人工费、机械使用费、其他直接费用和间接费用）和分配的"工程建设其他支出"项目分栏进行明细核算。

各项需要安装设备及安装工程支出的核算对象，应以单体设备或联动设备为一个核算对象，包括设备、设备安装工程、设备基础支柱建筑工程等，并按"设备购置费""设备安装工程支出""设备基础建筑工程支出"和分配的"工程建设其他支出"项目分栏进行明细核算。为了简化核算手续，也可将同一车间安装工程、基础建筑工程支出相差不多的各项需要安装的设备合并为一个核算对象，设置一个工程支出明细分类账，分栏登记各项设备的购置费。以上设备的安装工程支出、基础建筑工程支出、分配的工程建设其他支出，于设备安装试运转并经验收合格后，按一定标准对各项设备进行分配，然后算出各项需要安装设备的实际支出。

与各项工程支出核算对象有关的工程建设其他支出，由于不能确定其为某项工程所应负担，因而不能直接记入某个工程支出核算。为了简化核算手续，可将它先记入"在建专项工程"科目的"工程建设其他支出"二级科目，并设置明细账，按支出明细项目分栏登记，于项目完工后，将它按一定标准分配记入各个专项工程核算对象。

## 二、专项工程企业自行施工的核算

建筑施工企业的专项工程，除了少数大型设备安装工程外，大都由企业自行施工。专项工程自行施工所需的材料，与企业承包工程所用的材料相同，不必将施工用料分别核算。对于需要安装的设备，可在"工程物资"科目进行核算。企业为购置专项工程大型设备而预付的设备款，可记入"工程物资——预付大型设备款"科目的借方和"银行存款"科目的贷方。收到设备、补付设备款和支付运杂费及相关税费时，按设备的实际成本记入"工程物资"科目的借方，按预付设备款记入"工程物资——预付大型设备款"科目的贷方，按补付设备款和支付运杂费及相关税费记入"银行存款"科目的贷方。

施工单位领用专项工程用料时，按领用材料的实际成本或计划成本（当材料日常收发按计划价格核算时）记入"在建专项工程"科目的借方和"原材料"科目的贷方。

借：在建专项工程

贷：原材料

月末分摊领用材料的材料成本差异时，要将分摊的材料成本差异记入"在建专项工程"科目的借方和"材料成本差异"科目的贷方（如为借方差异用红字表示）。

借：在建专项工程

贷：材料成本差异

施工单位领用需要安装设备时，按其实际成本记入"在建专项工程"科目的借方和"工程物资"科目的贷方。

借：在建专项工程

贷：工程物资

专项工程施工过程中发生的工资以及其他支出，应记入"在建专项工程"科目的借方和"应付工资"或"应付职工薪酬——应付工资""应付福利费"或"应付职工薪酬——应付福利费""银行存款"等科目的贷方。

借：在建专项工程

贷：应付工资（或应付职工薪酬——应付工资）

应付福利费（或应付职工薪酬——应付福利费）

银行存款

专项工程在耗用辅助生产等单位提供的水、电、机械作业，设备安装，修理和运输等劳务时，应按月根据实际成本记入"在建专项工程"科目的借方和"生产成本——辅助生产成本""内部往来"（当辅助生产单位实行内部独立核算时）科目的贷方。

借：在建专项工程

贷：生产成本——辅助生产成本

内部往来

专项工程在工程建设管理过程中发生的工程项目可行性研究费、勘察设计费、合同公证费、负荷联合试车费、工程管理监理费、工程借款费用等工程建设方面其他支出，应先记入"在建专项工程"的"工程建设其他支出"科目的借方和"银行存款""长期借款"等科目的贷方。

借：在建专项工程——工程建设其他支出

贷：银行存款

长期借款

设备安装工程在负荷联合试车过程中发生的试车收入，应冲减试车费用，并将其记入

69

有关材料、产品科目的借方和"在建专项工程——工程建设其他支出"科目的贷方。

对于专项工程借有银行贷款进行建设的，应将建设期间借款费用按期记入"在建专项工程——工程建设其他支出"科目的借方，并于工程完工后摊为各项工程支出，予以资本化。但如在建设过程中发生非正常中断，而且中断时间连续超过三个月时，应当暂停借款费用的资本化，记入当期"财务费用"科目的借方。至于各项工程每一会计期间借款利息的资本化金额，没有必要分别核算。因为工程建设的资金，往往是多元化的，一般总有一部分自有资金。在工程建设过程中，很难认定各项工程支出的资金哪些是自有的，哪些是借来的，只能在项目完工后将建设期间的借款利息按一定标准分配，记作各项工程支出，予以资本化。

对于工程建设其他支出的分配，可以按支出项目不同采用不同的分配标准，也可采用同一标准一起进行分配。如采用同一分配标准，就可按照各项工程实际发生建筑安装工程支出和设备购置费之和进行分配。

如果工程项目建设期较长，并且各项工程交付使用时间不同，对工程建设其他支出就不宜采用上述按照实际分配率于全部工程完工之后再行分配核算的方法。而应根据工程预算采用预定分配率核算各项工程应分配的工程建设其他支出。

经过分配的工程建设其他支出，应记入"在建专项工程"科目的借方和"在建专项工程——工程建设其他支出"科目的贷方。

借：在建专项工程

贷：在建专项工程——工程建设其他支出

同时应将分配的工程建设其他支出分别记入各工程支出明细分类账的"工程建设其他支出"栏。

按照预定分配率分配的工程建设其他支出数与实际发生数的差额如果不大，可由最后完工的各项工程负担。如果差额较大，则应调整分配率，并对已完工交付使用的工程追加或追减分配。

## 三、专项工程企业发包施工的核算

专项工程以发包方式发包给其他施工单位施工的，如按照工程合同要预付工程款，应在"在建专项工程"科目下设置"预付工程款"二级科目进行核算，在预付工程款时，记入该科目的借方和"银行存款"科目的贷方。

借：在建专项工程——预付工程款

贷：银行存款

与承包施工单位结算工程价款时，应按承包单位提出的工程价款结算账单中的应付工程款记入"在建专项工程"科目的借方，按应扣预付工程款记入"在建专项工程——预付工程款"科目的贷方，按支付工程款记入"银行存款"科目的贷方。

借：在建专项工程

贷：在建专项工程——预付工程款

　　银行存款

为了核算各专项工程支出核算对象的工程支出，在工程价款结算账单中应要求承包单位按工程支出核算对象分别列示工程价款，以便登记专项工程支出明细分类账。

## 四、专项工程完工交付使用的核算

专项工程完工并经验收合格以后，要检查工程支出记录是否完整，有无漏记、误记，并清理剩余材料，作价办理退库手续。剩余材料退库时，应记入"原材料"科目的借方和"在建专项工程"科目的贷方。

借：原材料

贷：在建专项工程

同时应将退库材料在有关专项工程支出明细分类账中的"建筑工程支出"或"安装工程支出"栏用红字冲减。

在办理剩余材料退库后，就应根据各专项工程支出明细分类账的记录，按照下列公式核算各专项工程核算对象，即交付使用固定资产的建设成本。

房屋、建筑物建设成本 = 建筑工程支出 + 分配的工程建设其他支出

需要安装设备建设成本 = 设备购置费 + 安装工程支出 + 基础建筑工程支出 + 分配的工程建设其他支出

然后按照各专项工程支出明细分类账编制交付使用固定资产明细表，向固定资产使用单位办理固定资产交接手续。

根据交付使用固定资产明细表，就可将交付使用固定资产的建设成本记入"固定资产"科目的借方和"在建专项工程"科目的贷方。如果交付使用的固定资产属于投资性房产，应将它的建设成本记入"投资性房地产——投资性房产"科目的借方和"在建专项工程"科目的贷方。

借：固定资产（或投资性房地产——投资性房产）

贷：在建专项工程

至于完工的大修理工程和临时设施，一般只核算其大修理工程支出和临时设施搭建支出，不分配工程建设其他支出。在交付固定资产大修理工程和临时设施时，应将其支出记入"长期待摊费用""临时设施"或"固定资产——临时设施"科目（采用《企业会计准则》的建筑施工企业用"固定资产——临时设施"科目）的借方和"在建专项工程"科目的贷方。

借：长期待摊费用（或固定资产临时设施）

贷：在建专项工程支出

固定资产的技术改造工程和大修理工程，如果工期较长，在工程开工时，应将技术改造和大修理固定资产的原值从在用的固定资产转入未使用固定资产；待完工后，再按其原值从未使用的固定资产转回在用固定资产。

## 五、在建专项工程减值准备提取的核算

随着地区投资规模的压缩和建筑新结构、新施工工艺的出现，建筑施工企业的工程任务和构配件等的需求往往会发生变动，从而给专项工程的建设带来重大影响，有的甚至会造成工程项目停建、缓建。因此，建筑施工企业应定期或在年终，对在建专项工程进行全面检查，如果发现存在下列某项或若干项情况，有证据表明在建专项工程已经发生了减值，应当计提在建专项工程减值准备。

①长期停建并且预计在未来两年内不会重新开工。

②所建项目无论在性能上、还是在技术上已经落后，并且给企业带来的经济效益具有很大的不确定性。

③由于建筑材料、需要安装设备的市场价格大幅下降等原因，造成的其他可以证明在建专项工程已经发生减值的情形。

企业发生在建专项工程减值时，应将计提减值准备记入"营业外支出——计提的在建专项工程减值准备"或"资产减值损失"科目（采用《企业会计准则》的建筑施工企业列作"资产减值损失"）的借方和"在建专项工程减值准备"科目的贷方。

借：营业外支出——计提的在建专项工程减值准备（或资产减值损失）

贷：在建专项工程减值准备

"在建专项工程减值准备"科目期末的贷方余额反映企业已提取的在建专项工程减值准备，在编制资产负债表时，应将它从"在建专项工程"项目中减去。

# 第九节　单位工程竣工成本决算

单位工程竣工时，要及时办理竣工成本决算。在核算竣工工程成本时，要检查发包单位供料、供水、供电和加工铁件等是否全部入账，现场剩余材料是否及时办理退料或转移手续，工程成本的记录是否完整准确，是否将属于专项工程的支出计入工程成本等。

在检查工程预算造价是否完整时，要配合预算部门按实际完成工程量和有关记录，检查是否有预算漏项和核算错误。

在正确核算竣工工程的实际成本和预算造价的基础上，要及时办理单位工程竣工成本决算。因为单位工程是编制工程预算、结算工程价款的对象，为了反映工程预算的执行情况，分析工程成本的超降原因，并为同类型工程积累成本资料，有必要在各个单位工程竣工时对成本资料进行总结，以评价各个单位的施工管理水平，分析成本超降的主要原因，

并根据施工管理中存在的问题，及时采取有效措施，加强管理，争取不断降低工程成本。为了做好竣工工程的成本决算工作，会计人员在施工过程中，要经常深入工地，协助工人班组做好工料记录，积累成本分析资料，如材料消耗定额的执行情况、代用材料的使用情况、工时的节约或超支情况、降低成本的措施等。

单位工程"竣工成本决算"的"预算成本"栏内各项目数字，可根据施工图预算分析填入。"实际成本"栏内各项目数字，根据工程施工成本明细分类账的记录填入。为了反映单位工程的全部成本，对于有分包单位参加施工的工程，还要在补充资料中反映分包工程成本，以便核算竣工工程的总成本和单位平方米造价。

对于将几个单位工程合并为一个成本核算对象的，可将几个单位工程合并办理成本决算，但必须按各个单位工程的预算造价的比例核算各个单位工程的实际成本。

# 第十节　工程价款收入核算

建筑施工企业按照工程合同规定，将竣工工程或者已完工工程向发包单位办理工程价款结算，取得的工程收入是建筑施工企业的主营业务收入。建筑施工企业是从事建筑安装工程施工的生产单位，加强工程收入的经济核算，对加快建筑施工企业资金周转速度和考核企业的经营成果等，都具有十分重要的意义。

## 一、工程价款收入和建筑产品的特点

### （一）工程价款收入的特点

工程价款收入是建筑施工企业的基本业务收入，它取决于工程结算的方法。虽然工程价款结算的实质是建筑产品销售结算，但由于建筑产品不同于一般商品，因此工程价款结算有着显著的不同于一般商品结算的特点。

### （二）建筑产品的成本特性

每一个建筑产品都是单独签订合同的，不存在"批量生产"的问题。即便是两个结构、设计完全相同的建筑物，也会由于工程地点的不同，使地形、地质、水文、气候、交通运输条件以及工程耗用的人工、材料费用不同，从而使工程造价不同。建筑产品的这个特点，致使工程价款结算方法不能如普通商品那样按统一的销售价格进行结算。工程价款结算的基础是建筑施工预算。

### （三）建筑产品的周期特性

一项建设工程，其建设周期常有几个月至几年，甚至需要十几年，这就是它的周期特性。工程价款结算必须充分考虑这一特性。如果等到工程全部竣工后再办理工程价款结算，收取工程价款，势必造成建筑施工企业资金周转的困难，同时也不利于合理地反映企业各个会计期间的经营成果，不利于加强企业的经济核算。因此，工程价款的结算不能机械地在销售时点上确认收入，而应按工程完成进度或完成合同百分比确认收入，即按规定采用中间结算或竣工结算等多种结算方式。

# 二、工程价款收入的实现

建筑施工企业的工程价款收入，应在其实现时及时入账。建筑施工企业一般要在工程开工前与发包单位签订工程合同。在工程合同中除了要写明工程名称，工程内容和要求，工程造价，工程开工、竣工时间等条款外，还要根据工程价款结算的特点和要求，规定工程价款收入的结算办法。

## （一）工程价款收入的实现形式

工程价款收入的实现，由于工程合同规定的结算办法不同而有所不同，大致有以下几种。

①实行合同完成后一次结算工程价款办法的工程合同，应于合同完成、建筑施工企业与发包单位进行工程合同价款结算时，确认收入的实现。实现的收入额为发包工程结算的合同价款总额。

②实行月中预支、月终结算、竣工后清算办法的工程合同，应分期确认合同价款收入的实现。建筑施工企业在月终与发包单位进行已完工程价款结算时，确认承包合同已完工部分的工程价款收入实现。本期收入额为月终结算的已完工程价款金额。

③实行按工程形象进度划分不同阶段，分段结算工程价款办法的工程合同，应按合同规定的形象进度分次确认已完阶段工程收益的实现。建筑施工企业应于完成合同规定的工程形象进度或工程阶段，与发包单位进行工程价款结算时，确认工程价款收入的实现。本期实现的收入额，为本期已结算的分段工程价款金额。

实行其他结算方式的工程合同，其合同收益应按合同规定的结算方式和结算时间，与发包单位结算工程价款时，确认收入一次或分次实现。本期实现的收入额，为本期结算的已完工程价款或竣工一次结算的全部合同价款。

无论采用哪一种价款结算方式，都要经过开户银行的同意并由其监督执行。在具体办理工程价款结算时，以建筑施工企业出具的工程价款结算账单经发包单位确认后确认收入的实现。

## （二）工程价款收入的内容

工程价款收入由直接工程费用、间接费用、计划利润、税金四部分组成。

### 1. 直接工程费用

直接工程费用由直接费用、其他直接费用、现场经费组成。

①直接费用是指施工过程中耗费的构成工程实体和有助于工程形成的各项费用，包括人工费、材料费、机械使用费。

②其他直接费用是指施工过程中发生直接费用以外的其他费用，包括冬雨季施工增加费、夜间施工增加费、二次搬运费、仪器仪表使用费、生产用具使用费、检验试验费等。

③现场经费是指为施工准备的、组织施工生产和管理所需的费用，包括临时设施费、现场管理费等。

### 2.间接费用

间接费用是指企业管理费、财务费用和其他费用等。

### 3.计划利润

计划利润是指按规定应计入建筑安装工程造价的利润，依据不同投资本源或工程类别实施差别利率。

### 4.税金

税金是指国家税法规定的应计入建筑安装工程造价内的营业税、城市维护建设税及教育费附加。

## 三、工程价款结算凭证

建筑施工企业根据工程合同和工程价款结算办法规定，一般可在工程正式开工前向发包单位预收工程备料款，作为建筑施工企业储备工程材料的主要资金来源。随着工程的进行，材料储备逐渐减少，工程进行速度一定时，用预收的备料款逐步抵减应收工程款，直到工程竣工时全部抵销。

在工程进行中，建筑施工企业按有关规定，可以向发包单位预收工程款。预收的工程款在其后办理工程价款结算时可全部用于抵扣应收工程款。建筑施工企业在办理预收工程款时，要按工程进度填制工程价款预收账单，送发包单位确认，通过开户银行办理转账手续。建筑施工企业在月份终了或工程完工时，按合同规定办理工程价款结算，应根据实际完成的工作量，或已完工程报表，填制工程结算单，送发包单位签章确认后，交开户银行办理价款结算。

## 四、工程价款结算的会计处理

### （一）工程价款收入的处理

建筑施工企业设置"主营业务收入"科目，用以核算企业承包工程实现的工程价款结算收入。企业向发包单位收取的各种索赔款以及按规定向发包单位收取的列作"营业收入"的各种款项，如临时设施费、劳动保险费、施工机构搬迁费等，也在本科目核算。

企业实现的工程价款收入，应向发包单位收取的列作"营业收入"的款项以及按合同规定向发包单位收取的索赔款项，借记"应收账款""银行存款"等科目，贷记本科目。月份终了，本科目余额应转入"本年利润"科目，结转后本科目应无余额。

## （二）工程成本的结转

建筑施工企业设置"主营业务成本"科目，用以结转企业已办理工程价款结算的已完工程实际成本。

实行合同完成后一次结算办法的工程，其本期结算工程成本，指合同执行期间发生的累计合同工程成本。实行按月或分段结算办法的合同工程，本期已结算工程的工程成本，应根据期末未结算工程成本累计减期末未完工程成本进行核算。月终时，应根据本月已办理工程价款结算的已完工程实际成本借记本科目，贷记"工程施工"科目，并将本科目的余额全部转入"本年利润"科目，结转后本科目无余额。

## （三）工程税金的结转

建筑施工企业设置"营业税金及附加"科目，用以核算企业因取得工程价款结算收入应缴纳的营业税、城市维护建设税与教育费附加等。月终时，企业按规定核算出应由建筑工程价款结算收入负担的营业税、城市维护建设税和教育费附加等，借记本科目，贷记"应交税费"科目，并将本科目余额，全部转入"本年利润"科目，结转后本科目无余额。

现举例说明上述核算过程。

建筑施工企业承包市科技馆工程，双方商定实行按月结算工程款的办法。根据工程合同规定，企业于开工前收到发包单位预付工程备料款的银行转账支票 60 000 元，做如下分录。

借：银行存款 60 000

贷：预收账款——预收工程款 60 000

月中，企业填制工程价款预支账单，经建设单位确认后，送交开户银行，办妥预收工程款 100 000 元，做如下分录。

借：银行存款 100 000

贷：预收账款——预收工程款 100 000

月末，企业填制工程价款结算账单，经发包单位审核确认，本月已完工程价款为 200 000 元，其中，临时设施费 16 000 元，劳动保险费 2 000 元，做如下分录。

借：应收账款 200 000

贷：主营业务收入 200 000

企业将月中预收工程款 10 万元冲抵应收账款，做如下分录。

借：预收账款——预收工程款 100 000

贷：应收账款 100 000

企业收到发包单位银行承兑汇票一张，金额 10 万元，用来抵付应收工程款净额，做如下分录。

借：应收票据 100 000

贷：应收账款 100 000

月末，企业结转本月市科技馆工程已结算工程的实际工程成本 150 000 元，做如下分录。

借：主营业务成本 150 000

贷：工程施工 150 000

月末，企业按规定核算本月已结算的市科技馆工程应交营业税 6 000 元、应交城市维护建设税 420 元、应交教育费附加 120 元，做如下分录。

借：营业税金及附加 6 540

贷：应交税费——应交营业税 6 000

　　　　　　——应交城市维护建设税 420

　　　　　　——应交教育费附加 120

月终时，企业将"工程结算收入""工程结算成本"和"工程结算税金及附加"科目的月末余额全部结转至"本年利润"科目，做如下分录。

借：主营业务收入 200 000

贷：本年利润——工程结算利润 200 000

借：本年利润——工程结算利润 156 540

贷：主营业务成本 150 000

　　营业税金及附加 6 540

## 五、分包工程核算

建筑施工企业承包工程后，将其中一部分工程转包给分包单位施工，这一部分业务要通过"预付账款"科目核算。建筑施工企业按规定预付分包单位工程款和备料款时，借记本科目，贷记"银行存款"科目，拨付分包单位抵作备料款的材料，借记本科目，贷记"原材料"科目，企业与分包单位结算已完工程价款时，借记"应付账款"科目，贷记本科目。本科目应分别设置"预付分包单位款"和"预付供应单位款"两个明细科目，并分别按分包单位和供应单位名称设置明细账，进行明细核算。

建筑施工企业承包工程后将一部分工程转包给分包单位，此部分工程不作为企业自行完成工作量。根据分包合同规定，企业以银行存款 30 000 元，预付分包单位作备料款，做如下分录。

借：预付账款——预付分包单位款 30 000

贷：银行存款 30 000

根据分包工程合同，企业拨给分包单位抵作备料款的材料一批，结算价格为 50 000 元。该批材料计划成本 47 000 元，应分摊材料成本差异 500 元，做如下分录。

借：预付账款——预付分包单位款 50 000

贷：原材料 47 000

材料成本差异 500

主营业务成本 2 500

月中，企业预付分包单位工程款 30 000 元，做如下分录。

借：预付账款——预付分包单位工程款 30 000

贷：银行存款 30 000

月末，分包单位提交工程价款结算账单，经建筑施工企业审核，同意支付分包单位本月已完工程款 70 000 元，做如下分录。

借：主营业务成本 70 000

贷：应付账款——应付工程款 70 000

# 第十一节　建造合同收入和费用的核算

## 一、建造合同概述

建造合同是一种特殊类型的经济合同。按照《企业会计准则》关于建造合同的规定，建造合同是指为建造一项资产或建造在设计、技术、功能、最终用途等方面密切相关的数项资产而订立的合同。

### （一）建造合同涉及资产的分类

建造合同所包括的资产指房屋、道路、桥梁等建筑物和飞机、船舶、大型机械设备等资产。这些资产按照其功能和最终用途来划分，可以分为以下两种类型。

①单项资产一旦建造完成即可投入使用并独立发挥作用，如房屋等建筑物和飞机、船舶以及大型机械设备等资产。

②由在设计、技术、功能、最终用途等方面密切相关的数项资产共同组成的建设项目。该类资产一般指新建大型投资项目，只有当这些技术上密切相关的单项资产全部完工并投入使用后才能在总体上产生经济效益。

### （二）建造合同的特点

建造合同是一种特殊类型的经济合同。与商品购销合同和一般的劳务合同相比，建造合同具有如下四个方面的特点。

①针对性强，具有明确的客户和资产指向。建造合同的工程范围、建设期、工程质量和工程造价等内容在合同签订时已经确定。

②建设周期长。从开始建造直至完成并交付使用一般需要跨越一个甚至几个会计年度。

③投资规模大，单位资产价值高。所建造的资产一般需要进行大量资金投入。对客户来说，一般需要列入资本预算范围。

④所建造的资产一般体积大。如房屋建筑和大型机械设备等。

⑤建造合同一般是不可撤销合同。由于建造合同所涉及的资产具有建设周期长和投资规模大等特点，一旦合同当事人任意撤销合同，必将会给对方造成难以估量的损失。因此，只要在订立合同时当事人意图表示真实，建造合同一般是不可撤销的。

由于建造合同的独特性，建筑施工企业可以按照建造合同来核算收入和归集费用支出，同时根据权责发生制原则和配比原则，采用建造合同完工百分比法来确认和计量合同收入、合同费用。企业应当及时、准确地进行合同收入和合同费用的确认与计量，以便分析和考核合同损益的实现情况。

如果建造合同的结果能够可靠地估计，企业应根据完工百分比法在资产负债表日确认合同收入和合同费用。因此，根据建筑施工企业建造合同的结果能否可靠估计，可以将合同收入和合同费用的确认与计量分为以下两种类型。

## 二、建造合同的结果能够可靠估计时合同收入和合同费用的确认与计量

建造合同的结果能够可靠计量是采用完工百分比法确认和计量合同收入与合同费用的前提条件。在确认建造合同的结果是否能够可靠计量时，建筑施工企业应根据建造合同的具体类型分别采用不同的标准来确定。

### （一）建造合同的结果能够可靠计量的标准

建造合同可以分为固定造价合同和成本加成合同，这两种合同分别采用不同的具体标准来确定建造合同的结果是否能够可靠计量。

#### 1. 固定造价合同的结果能够可靠计量的判断标准

当建筑施工企业的固定造价合同能够同时满足以下四项条件时，则固定造价合同的结果能够可靠计量；如果不能同时具备以下四项条件，则固定造价合同的结果不能够可靠计量。

①合同总收入能够可靠计量。

②合同总收入一般根据建造承包商与客户订立的建造合同中的总金额或总价款来确定。如果所订立的合同符合法律要求，而且在合同中明确规定了合同总金额或总价款，则

表示合同总收入能够可靠计量；反之，则意味着合同总收入不能可靠计量。

③在资产负债表日合同完工进度和为完成合同尚需发生的成本能够可靠确定。

如果在资产负债表日建筑施工企业能够可靠地确定建造合同的完工进度，则表示企业已经按照建造合同的规定，正在为完成合同而进行施工，并且已经完成了一定的工作量，达到了一定的工程形象进度，能够对将要完成的工程量做出科学、可靠的测定。如果工程尚未开始施工，或者刚刚开始施工，尚未形成一定的工程量，不能对将要完成的工程量做出科学、可靠的测定，则意味着建筑施工企业不能可靠确定建造合同的完工进度。

为了可靠确定为完成合同尚需发生的成本，建筑施工企业应建立科学、合理的成本核算制度和有效的财务预算及报告制度。如果建筑施工企业建立了科学、合理的成本核算制度和有效的财务预算及报告制度，就能够科学、可靠地估计为完成合同尚需发生的成本；反之，则意味着企业不能可靠确定为完成合同尚需发生的成本。

④为完成合同已发生的合同成本能够清楚区分和可靠计量，以便实际合同成本能够与以前的预计成本相比较。

为了清楚地区分和可靠计量为完成合同已发生的合同成本，建筑施工企业应建立科学、合理的成本核算制度，严格对待各项成本核算基础工作（这些基础工作包括建立健全各种财产物资的收发、领退、转移、报废和清查制度，建立健全与成本和核算有关的各项原始工作记录和工程量统计制度，制定或修订工时、材料、费用等各项消耗定额，完善各种计量检测设施，严格执行计量制度等）。

如果企业能够准确核算为完成建造合同已经发生的合同成本，能够划分不同成本核算对象之间的成本界限，能够明确区分已完工合同成本和未完工合同成本、当期成本和下期成本的界限，则意味着企业能够清楚区分和可靠计量为完成合同已发生的合同成本；反之，则意味着企业不能清楚区分和可靠计量为完成合同已发生的合同成本。

**2. 成本加成合同的结果能够可靠计量的判断标准**

当建筑施工企业的成本加成合同能够同时满足以下两项条件时，则成本加成合同的结果能够可靠计量；如果不能同时具备以下两项条件，则成本加成合同的结果不能够可靠计量。

（1）与合同相关的经济利益能够流入企业

只有与合同相关的经济利益能够流入企业时，企业才能确认为收入。经济利益是指直接或间接流入企业的现金或现金等价物。经济利益的流入一般表现为资产的增加、负债的减少或者二者兼而有之。

为了保证与合同相关的经济利益能够流入企业，建筑施工企业需要综合判断分析影响建造合同履行的各种条件，如客户的资信状况、财务能力和影响客户正常生产经营的主客观环境等因素。除此之外，建筑施工企业自身是否能够按照合同规定期限保质、保量地履行合同也是影响建造合同价款收回可能性的重要因素。

在建筑施工企业能够按照合同规定期限保质、保量地履行合同的情况下，如果可以判断客户能够正常履行合同，则意味着企业能够收回工程价款，与合同相关的经济利益能够流入企业；反之，则意味着企业不能收回工程价款，与合同相关的经济利益不能流入企业。

（2）实际发生的合同成本能够清楚区分且能够可靠计量

合同成本是确定工程造价的基础，是确定工程完工进度的重要依据，因此，建筑施工企业能够清楚区分且能够可靠计量实际发生的合同成本。如果建筑施工企业能够及时、准确地记录为完成成本加成合同而发生的各项直接费用和间接费用，并且能够合理地归集到该成本加成合同中，则意味着企业对于实际发生的合同成本能够清楚区分且能够可靠计量。

## （二）完工百分比法

当建造合同的结果能够可靠估计时，建筑施工企业应在资产负债表日根据完工百分比法来确认合同收入和合同费用。

完工百分比法是指根据合同完工进度来确认收入和费用的方法。

### 1. 完工百分比法理论依据

由于建造合同的建设期一般在一个会计年度以上，因此，对于在资产负债表日（公历12月31日）尚未完工的建造合同，建筑施工企业应按照权责发生制和配比原则的要求，合理、准确地核算和反映会计期已完工部分的收入和费用，并确认经营成果。对于本年度完工的建造合同，企业应在合同完工时及时确认当期的收入和费用。

### 2. 完工百分比法完工进度的确定

完工进度的确定是采用完工百分比法的关键。为此，建筑施工企业应当合理确定建造合同的完工进度，为进一步确认和计量当期合同收入和合同费用提供坚实的科学基础。

根据累计实际发生的合同成本占合同预计总成本的比例来确定。其核算公式如下。

合同完工进度 =（累计实际发生的合同成本 ÷ 合同预计总成本）× 100%

在采用这种方法来确定合同完工进度时，累计实际发生的合同成本是指形成工程形象进度的工程实体和工作量耗用的直接成本和间接成本。因此，累计实际发生的合同成本不包括以下两个方面的内容。

①与合同未来活动相关的合同成本，如施工中尚未安装、使用或耗用的材料成本。

施工中尚未安装、使用或耗用的材料成本没有形成工程实体，其资金占用形态仍旧属于材料占用的资金，而非"在产品"占用的资金。因此，为了可靠确定合同完工进度，企业不能将该部分成本计入累计实际发生的合同成本。

②在分包工程的工作量完成之前预付给分包单位的款项。

在总承包商将其承包的工程项目中的单项工程或单项工程中的单位工程，分部、分项工程分包给其他承包商（即分包单位）进行施工时，分包单位所承包的单项工程或单项工程中的单位工程，分部、分项工程就是分包工程。对于总承包商来说，分包工程是总体工程的一部分，分包工程也是总体工程总工作量的一部分。因此，总承包商在确定总体工程的完工进度时，也应考虑分包工程的完工进度。

在分包工程的工作量完成之前预付给分包单位的款项，并没有形成相应的工作量，因此企业在核算工程完工进度时，不应将该预付款项计入累计实际发生的合同成本。但是，总承包商根据分包工程的进度而分付的分包工程进度款应计入累计实际发生的合同成本。

根据已经完成的合同工作量占合同预计总工作量的比例来确定。其计算公式如下。

合同完工进度＝（已经完成的合同工作量÷合同预计总工作量）×100%

需要注意的是，在采用这种方法来确定合同完工进度时，企业不能自行随意测定，需要由专业技术人员来进行科学测定。

### 3. 完工百分比法合同收入和合同费用的确认和计量

当企业能够可靠估计建造合同的结果，并能够合理确定工程完工进度时，企业可以确认和计量当期的合同收入和合同费用。其核算公式如下。

当期确认的合同收入＝（合同收入 × 完工进度）－以前会计年度累计已确认的收入

当期确认的合同毛利＝（合同总收入－合同预计总成本）× 完工进度－以前会计年度累计已确认的收入

当期确认的合同费用＝当期确认的合同收入－当期确认的合同毛利－以前会计年度预计的损失准备

需要注意的是，完工进度是指累计完工进度。

建筑施工企业应区别以下四种情况来分别确认和计量当期的合同收入和合同费用。

①当年开工并当年完工的建造合同。在这种情况下，企业当期确认和计量的合同收入和合同费用分别等于该合同的总收入和实际总成本。

②当年开工当年未完工的建造合同。在这种情况下，以前会计年度累计已确认的收入和合同毛利均为零。

③以前年度开工当年完工的建造合同。在这种情况下，企业当期确认和计量的合同收入等于合同总收入扣除以前会计年度累计已确认的收入后的余额；当期确认和计量的合同毛利等于合同总收入扣除实际合同总成本减以前会计年度累计已确认的毛利后的余额。

④以前年度开工当年未完工的建造合同。在这种情况下，企业可以直接利用公式确认和计量当期的合同收入和合同费用。

## 三、建造合同的结果不能可靠估计时合同收入和合同费用的确认和计量

当建筑施工企业不能可靠估计建造合同的结果时，企业不能采用完工百分比法来确认和计量当期的合同收入和合同费用，应根据以下两种情况来分别进行会计处理。

①合同成本能够收回的，合同收入根据能够收回的实际合同成本来确认，合同成本在其发生的当期确认为费用。

例如，某建筑施工企业与客户签订总造价为 600 万元的建筑合同，建设期为 3 年。第 1 年实际发生工程成本 200 万元，双方均能按照合同规定履行各自义务，但在年末时，建筑施工企业不能可靠估计工程的完工进度。

在这种情况下，该建筑施工企业不能按照完工百分比法确认合同收入和合同费用。但是客户能够按照合同规定履约付款，当年发生的合同成本能够收回。因此，企业应将当年发生的成本金额同时等额确认为当年的收入和费用，账务处理如下。

借：主营业务成本 2 000 000

贷：主营业务收入 2 000 000

②合同成本不能收回的，应在其发生的当期确认为费用，不确认收入。

例如，某建筑施工企业与客户签订了一项总金额为 250 万元的建造合同，建设期为两年。第 1 年企业实际发生工程成本 180 万元，但当年与客户只办理工程结算款 70 万元。由于客户陷入财务困境而面临破产清算，导致后续工程款项可能难以收回。在这种情况下，该建筑施工企业应将已办理结算的 70 万元确认为当年的收入。

# 第四章　辅助生产的财务管理

## 第一节　建筑施工企业以外生产单位概述

### 一、建筑施工企业以外生产单位的含义

建筑施工企业除了在施工现场直接从事建筑安装工程施工的施工单位外，还有一些生产单位从事工程施工所需材料、构件的生产和加工，施工机械设备的制造和修理，以及水、电、蒸汽等的供应，直接或间接为建筑安装工程施工服务。

建筑施工企业以外的不同性质的生产单位有以下三类。

①从事工程施工所需材料、构件生产和加工的生产单位，如砖瓦厂、石灰窑、矿石采掘场、混凝土搅拌站、混凝土构件预制厂、木材加工厂（或车间）、金属结构加工厂（或车间）等。

②从事工程施工所需机械设备制造和修理的生产单位，如机修厂（或车间）。

③从事提供水、电、蒸汽的生产单位，如发电站、给水站、蒸汽站等。

### 二、建筑施工企业以外生产单位的分类

这些生产单位，按其是否实行内部独立核算，可以分为如下两类。

①附属生产单位是实行内部独立核算的生产单位，它拥有独立的资金，执行企业下达的计划，单独编有成本报表，并核算盈亏。这类生产单位通常叫作"附属工业企业"，并用"生产成本——工业生产成本"科目核算其所发生的生产费用。

②辅助生产单位是不实行内部独立核算的生产单位，通常叫作"辅助生产单位"，并用"生产成本——辅助生产成本"科目核算其所发生的生产费用。

为了提高劳动生产率，加快施工进度，除了提高机械化施工程度以外，还必须采用工厂化的施工方法，采用装配式构件，将各种构件在工厂（即附属工业企业、辅助生产单位）预制，在施工现场安装。

采用工厂化施工方法，一方面可以使大部分建筑生产过程在工厂内进行，因而不受或少受自然条件的影响；另一方面可以将现场的施工过程，逐渐变成构件的安装过程，为实

现机械化施工创造有利条件。因此，各个建筑施工企业有必要根据施工需要，设置一些附属工业企业和辅助生产单位，从事构件的生产。同时在人力、物力许可的条件下，建筑施工企业还可自己制造和革新部分机械设备，使施工机械成龙配套，并对机械设备及时进行修理。这对加速提高机械化施工程度有着重要的作用。

随着装配程度和机械化施工程度的不断提高，建筑施工企业的附属工业企业和辅助生产单位会越来越多，附属工业生产和辅助生产的核算也会越来越重要。

## 三、建筑施工企业以外生产单位核算的意义

正确组织附属工业企业和辅助生产单位的生产费用核算和产品成本核算，对于做好附属工业企业和辅助生产单位的管理工作，不断降低工程成本，有着重要的意义。

①通过对附属工业生产和辅助生产的核算，可以正确及时地反映生产费用的发生情况，使员工对生产过程的各项耗费做到心中有数，便于控制生产费用，厉行节约。

②通过对附属工业生产和辅助生产的核算，可以核算各种产品的总成本和单位成本，反映产品成本的超降情况，以便采取措施，进一步挖掘潜力，降低产品成本。

③通过对附属工业生产和辅助生产的核算，可以反映在产品和产成品的增减变动和结存情况，加强在产品和产成品的管理。

④通过对附属工业生产和辅助生产的核算，可以反映各个附属工业企业和辅助生产单位及其所属车间的生产活动的经济效益。

附属工业企业和辅助生产单位就其生产特点来说，虽然也和工业生产单位相同，但是由于其是建筑施工企业的一个附属工业企业或者一个辅助生产单位，不是一个完全独立核算的工业企业，而且在一个附属工业企业或一个辅助生产单位中，往往同时生产不同类别的产品。如在一个机修厂中，既有机械设备、工具、机械配件的制造，又有机械设备的修理；既有钢木门窗、金属结构件的制作，又有铁件的加工。因此，在组织附属工业企业和辅助生产单位的生产费用和产品成本的核算时，必须根据附属工业企业和辅助生产单位的生产特点，采用既合理又简便的方法。

## 四、建筑施工企业以外生产单位的分类、特点、成本计算对象和方法

### （一）建筑施工企业以外生产单位的分类及特点

#### 1. 按生产过程的分类及其特点

附属工业企业和辅助生产单位的生产，按其生产过程，即产品工艺过程是否可以间断，分为简单生产和复杂生产。

①简单生产也叫单步骤生产，是指产品生产过程不能或者不便于划分生产步骤的生产。这类生产的生产周期较短，一般都在一个车间或一个场地上进行，如电力、蒸汽、混凝土、砂浆等的生产都是此类。

②复杂生产也叫多步骤生产，是指产品的生产过程可以划分为若干个生产步骤的生产。复杂生产的产品可分别在不同时期、不同地点进行，可以由一个车间来完成，也可由几个车间协作完成。复杂生产按其加工方式，又可分为连续式和装配式两种。

在连续式复杂生产中，原材料投入生产，要经过连续的生产步骤才能制成产成品，除最后一个步骤生产的产品是产成品外，其他步骤生产的都是半成品，也就是下一步骤的加工对象，如砖、瓦、钢筋混凝土构件的生产等。

在装配式复杂生产中，通常是将各种原材料平行地进行加工，制成零件或部件，然后将零件或部件装配成为产成品，如机械设备制造等。

### 2. 按生产组织的分类及其特点

附属工业生产和辅助生产按其生产组织，即其生产产品的多少、品种的稳定性和生产规模的不同，又可分为大量生产、成批生产和单件生产。

①大量生产是指不断地重复生产相同产品的生产，如电力、蒸汽、混凝土、砂浆的生产等。

②成批生产是按规定的产品批别和数量进行的生产，如混凝土构件、钢木门窗等生产。在成批生产的附属工业企业和辅助生产单位中，产品的品种较多，生产通常是按规定的数量，成批地重复进行。成批生产按照产品批量的大小，还可分为大批生产和小批生产。大批生产的性质接近于大量生产，小批生产的性质接近于单件生产。

③单件生产是根据建筑施工的要求，进行个别产品的生产，如个别机械设备的制造和修理等。在单件生产的附属工业企业和辅助生产单位中，产品品种很多，同时很少重复生产。

## （二）建筑施工企业以外生产单位的成本计算对象和方法

### 1. 建筑施工企业以外生产单位的成本计算对象

（1）分类方法不同，成本核算的对象不一样

附属工业生产和辅助生产的特点和成本管理的要求，决定产品的成本核算对象和成本核算方法。生产类型不同，管理要求不同，成本核算的对象和方法也不一样。

（2）生产组织不同，成本核算的对象不一样

①在大量生产条件下，由于产品生产连续不断地进行，大量生产着品种相同的产品，因而只要按照产品的品种核算产品成本即可。

②在大批生产条件下，产品批量较大，往往在几个月内不断地重复生产相同的产品，所以大批生产和大量生产一样，也只要求按照产品品种核算产品成本。

③在小批生产条件下，产品批量小，一批产品往往同时完工，因而有可能按照产品的批别归集生产费用，核算各批产品的成本；同时为了考核、分析各批产品成本的水平，在管理上也要求分批核算产品的成本。

④在单件生产条件下，生产按件（即订单）组织，因而就有可能和有必要按照产品归集生产费用，按件（订单）核算产品成本。

小批、单件生产的附属工业企业和辅助生产单位，如果生产的产品品种或批别很多，难以分别核算各种或各批产品成本，可以把耗用材料和加工过程基本相同的产品，归类核算它们的总成本，然后按照一定比例进行分配核算。

从上可知，在大量、大批生产条件下，只要求按照产品的品种核算产品成本；在小批、单件生产条件下，则还要求按照产品的批别（订单）核算产品成本。如果产品品种繁多，难以按照产品批别（订单）核算成品成本，可按照产品的类别核算产品成本。

（3）生产过程不同，成本核算的对象也不一样

在简单生产条件下，由于生产过程不可能，或者不需要划分为几个生产步骤，因此只要求按照产品品种核算产品成本。

在复杂生产条件下，由于生产过程是由几个可以间断的分散在不同地点进行的生产步骤所组成的，为了加强各生产步骤的成本管理，往往不仅要求按照产品品种核算成本，而且还要求按照生产步骤核算产品成本，以便考核、分析各种产品及其各个生产步骤成本计划的完成。

从上可知，简单生产只要求按照产品品种核算成本；复杂生产则往往要求按照生产步骤核算产品成本。当然，如果管理上不要求按生产步骤考核生产耗费、核算产品成本，也可只按产品品种、类别或批别核算成本。

**2. 建筑施工企业以外生产单位的成本计算方法**

在附属工业企业和辅助生产单位的成本核算中，为适应各种类型生产的特点和管理的要求，有四种不同的成本核算对象和以成本核算对象为主要标志的四种成本核算方法。

①以产品品种为成本核算对象的品种成本核算法。

②以产品批别（订单）为成本核算对象的分批（订单）成本核算法。

③以产品类别为成本核算对象的分类成本核算法。

④以产品生产步骤为成本核算对象的分步成本核算法。

在实际工作中，一个附属工业企业或辅助生产单位的各个车间的各种产品，由于它们的生产特点和管理要求并不一定相同，因而在一个企业单位或一个车间中，就有可能同时应用几种不同的成本核算方法。即使是一种产品，在它的各个生产步骤、各种半成品和各个成本项目之间，生产特点或管理要求也不一定相同。因而，往往需要把几种成本核算方法结合起来使用。

## 五、建筑施工企业以外生产单位产品的成本项目

附属工业企业和辅助生产单位产品和作业的成本，也是由材料费、人工费、固定资产折旧费等生产费用组成的。在核算产品的成本时，也要将生产费用按照经济用途分为成本项目。为了考核产品成本计划的执行情况，分析成本超降的原因，附属工业生产和辅助生产产品的成本项目，一般应分为如下各项。

①人工费指直接从事产品生产和提供作业的生产工人的工资和职工福利费。

②材料费指生产产品所耗用的构成产品实体的原材料和有助于产品形成的其他材料的成本，以及周转材料的摊销额。

③其他直接费用也叫车间费用或制造费用，指车间直接发生的除人工费、材料费以外的其他费用，如机器设备折旧、修理费，燃料、动力费等。

④间接费用指附属工业企业厂部为组织和管理产品生产所发生的各项管理费用，包括工作人员工资、职工福利费、办公费、差旅交通费、劳动保护费、物料消耗、办公用房屋设备折旧费和修理费等。

对分步骤连续生产并结转成本的附属工业企业和辅助生产单位，应另行设置"自制半成品"项目，用以核算前一生产步骤结转的半成品成本。对生产有不符合规定质量标准产品并核算废品损失的附属工业企业和辅助生产单位，应另行设置"废品损失"项目，用以核算生产过程中发生的不可修复的废品的成本和可修复的废品的修复费用。

## 六、建筑施工企业以外生产单位的明细分类核算

附属工业生产和辅助生产的核算，除了设置"生产成本——工业生产成本"和"生产成本——辅助生产成本"科目，用以总体反映附属工业企业和辅助生产单位在一定时期内发生的生产费用外，为了进一步了解生产费用发生的详细情况并核算产品成本，还必须设置有关生产费用的各种明细分类账，包括产品成本明细分类账、间接费用明细分类账、废品损失明细分类账等，用来反映生产费用的发生和分配的详细情况，并据以进行产品成本的核算。

### （一）产品成本明细分类账

为了核算产品成本，并反映产品成本的构成情况，要设置产品成本明细分类账。产品成本明细分类账是按照产品的品种、类别、批别或加工步骤设置，并分别按照成本项目进行登记的。按成本项目登记，可以反映产品成本的构成，便于分析产品成本超降的原因，挖掘降低产品成本的潜力。

产品成本明细分类账的格式，要根据产品生产特点、成本核算要求和所采用的成本核算方法来确定。

## （二）间接费用明细分类账

间接费用是指附属工业企业为组织和管理产品生产所发生的各项管理费用。这些费用大都属于相对固定费用，它的费用总额不随着或几乎不随着产品数量的增减而增减。因此，要按年、月编制间接费用预算，对费用加以控制，并要组织间接费用的明细分类核算，以便反映和考核间接费用预算的执行情况。

间接费用明细分类账的格式可采用多栏式，按明细项目进行登记，它的格式与施工单位间接费用明细分类账基本相同。至于辅助生产单位发生的间接费用，一般可在施工单位间接费用明细分类账中进行核算。

在采用车间、厂部两级成本核算的附属工业企业里，产品成本明细分类账要按车间和产品的品种、批别或类别来设置。车间只核算产品的车间成本，间接费用一般由厂部分配计入。

对于同时从事多种产品生产的车间，还可设置其他直接费用明细分类账，先行汇总记录车间发生的其他直接费用，于月终再按一定标准将它分配记入有关产品成本。其他直接费用明细分类账的格式，也可采用多栏式，按车间和明细项目进行登记。

## （三）废品损失明细分类账

废品是附属工业企业、辅助生产单位生产过程中产生的不符合规定质量标准、不能按原定用途使用或者需要加工修复后才能使用的部分产品。

废品按其能否修复，可分为不可修复废品和可修复废品。前者指技术上不可修复，或者在技术上虽可修复，但所需修复费用在经济上不合算，因而不再修复的废品。后者指技术上可以修复，而所需修复费用在经济上是合算的废品。

对于因产生废品而发生的损失，包括不可修复废品损失（不可修复废品成本扣除废品残值后的损失净额）和可修复废品在返修过程中的修复费用，应设置明细分类账进行核算。废品损失明细分类账可按车间和产品品种、批别或类别设置。

附属工业企业和辅助生产单位如有在产品和半成品，还应设置在产品、半成品卡片（也叫台账，它们的格式和材料卡片相同），用以记录各种在产品、半成品的移动增减情况和结存数量，以便及时反映在产品、半成品的动态，加强在产品、半成品的管理。每月终了，还应该将在产品、半成品卡片反映的结存数量，与实际盘存数量核对。如发现短缺，应查明原因，以采取措施、改善管理。

建筑施工企业所属的施工单位和附属工业企业，往往有一些从事机械设备修理、工具用具制造和技术革新的生产班组。这些生产班组，是施工单位和附属工业企业的辅助生产单位，有关业务也应在"生产成本——辅助生产成本"科目进行核算，并按成本核算对象，在辅助生产明细分类账中分栏登记发生的工料费用。

一般来说，施工单位和附属工业企业的机修班组对机械设备的经常修理可合并作为一个成本核算对象。如果有机械设备的大修理，则应将它们分别作为成本核算对象。机械设备的制造和改良装置以及工具用具的制造，应将机械设备和工具用具分别作为成本核算对象，以便在完工验收后，将它们的造价分别转作固定资产和材料的价值。机修班组工人到施工现场从事工程施工活动所发生的工料费用，应直接记入工程成本的材料费和人工费项目。至于在这些班组内发生的固定资产折旧修理费、工具用具使用费等，可在辅助生产明细分类账的"其他直接费用"栏先行汇总登记，月末再按各个成本核算对象耗用的工时或工资的比例加以分配，并将分配数记入各种成本核算对象栏。对于施工单位发生的间接费用和附属工业企业发生的间接费用，一般可不加分配，全部由工程成本和产品成本负担，以简化核算手续。

# 第二节　生产费用计入产品成本的程序

附属工业企业和辅助生产单位发生的生产费用，按其计入产品成本的方式，可以分为直接费用和间接费用。直接费用是指可以并适宜直接计入某一种、某一类、某一批产品成本的费用，如直接为生产某种产品而耗用的材料、生产工人工资等。间接费用是指不能或不宜直接计入而需按照一定标准分配计入各种、各类、各批产品成本的费用。一般来说，附属工业企业和辅助生产单位发生的生产费用，凡是可以并适宜直接计入产品成本的，原则上应尽可能直接计入，以保证产品成本的正确性。

生产费用计入产品成本明细分类账和间接费用等明细分类账，应以原始凭证（如领料单等）为依据。但对那些原始凭证数量较多的同类经济业务，为了简化核算手续，应尽量将原始凭证汇总，编制各种费用分配表，如耗用材料分配表等，再据以登记产品成本明细分类账和间接费用等明细分类账。

在各种费用分配表内，要列明费用的用途（如产品的品种、类别、批别、加工步骤、成本项目或费用的明细项目）和金额等。对于只用于某一种产品的费用，可以根据有关原始凭证汇总后，按产品类别填列费用分配表。对于应由多种产品共同负担的费用，则应先按一定的标准分配，然后再填列费用分配表。根据原始凭证和各种费用分配表，即可登记产品成本明细分类账和间接费用等明细分类账。

间接费用明细分类账归集的费用，属于综合费用，也要在月终编制间接费用分配表，按照一定标准进行分配，据以记入产品成本明细分类账。在分配各种费用时，分配标准应与费用的发生有密切的关系，既要力求成本的正确，又要考虑核算工作的简便。

## 一、耗用材料的分配

耗用材料的分配，就是定期将审核后的领料凭证、退料凭证，按材料用途归类，将耗用材料计入产品成本明细分类账和间接费用等明细分类账。

对于大堆材料，由于很难在领用时逐一点数计量，也要按照"算两头、轻中间"的办法，于月末核算其实际耗用量。

在计入产品成本的材料费中，直接用于生产某种、某批、某类产品的主要材料、机械配件、其他材料，应尽可能直接计入有关产品成本明细分类账的"材料费""其他直接费用"等项目。如果领用的材料为几种、几批、几类产品共同耗用的，就要按照一定的标准在有关产品间进行分配，然后分别计入有关产品成本。耗用材料的分配标准，一般有定额耗用量、耗用材料的预算（计划）成本等。现以定额耗用量为分配标准举例说明。

根据耗用材料分配表，一方面登记各产品成本明细分类账和废品损失、间接费用明细分类账；另一方面做如下会计分录记入总分类账。

借：生产成本——工业生产成本
   生产成本——工业生产成本——间接费用

贷：原材料——主要材料

## 二、人工费的分配

附属工业企业和辅助生产单位的工资和职工福利费，应按月编制人工费分配表，据以进行工资和职工福利费分配的总分类核算，并按其用途分配计入各种产品成本明细分类账和间接费用等明细分类账。

生产工人的工资和职工福利费，在计时工资制度下，一般根据各种产品的耗用工时进行分配，它的分配方法如下。

生产工人平均工资＝生产工人工资总额＋职工福利费总额

在计件工资制度下，生产工人计件工资可根据产量凭证和计件单价，分别产品汇总后计入有关产品的成本，其他津贴、补贴等，可按占计件工资总额的百分比，计入有关产品成本。

对于技术、管理、服务人员的工资，应记入间接费用的"工作人员工资"项目。根据人工费分配表，一方面登记各产品成本明细分类账和废品损失、间接费用明细分类账；另一方面做如下会计分录记入总分类账。

借：生产成本——工业生产成本

贷：应付工资（或应付职工薪酬——应付工资）
   应付福利费（或应付职工薪酬——应付福利费）

借：生产成本——工业生产成本——间接费用

贷：应付工资（或应付职工薪酬——应付工资）
   应付福利费（或应付职工薪酬——应付福利费）

附属工业企业按职工工资总额 2% 提取的工会经费，应记入"生产成本——工业生产成本——间接费用"科目的借方和"其他应付款——应付工会经费"科目的贷方。

借：生产成本——工业生产成本——间接费用

贷：其他应付款——应付工会经费

## 三、外购动力、折旧及其他费用的分配

附属工业企业和辅助生产单位外购的电力、蒸汽、煤气等动力，有的直接用于产品生产，有的用于照明、取暖等。在有计量仪表记录其耗用量时，应根据仪表所示耗用动力的数值和单价核算；在没有计量仪表的情况下，可按各种产品定额用量或生产工时的比例进行分配核算。用于生产产品的动力费，应记入"生产成本——工业生产成本""生产成本——辅助生产成本"科目的借方和有关产品成本明细分类账"其他直接费用"项目。用于管理部门照明的电费等，应记入"生产成本——工业生产成本——间接费用"科目的借方和间接费用明细分类账的"办公费"项目。

附属工业企业和辅助生产单位使用的固定资产的折旧，应在固定资产折旧核算表中进行核算。对于生产用固定资产的折旧，应记入"生产成本——工业生产成本""生产成本——辅助生产成本"科目的借方，并按生产工时的比例分配计入各种产品成本明细分类账的"其他直接费用"项目，或者先在各生产车间的其他直接费用明细分类账中进行汇总，然后分配计入各种产品的成本。对于附属工业企业管理用固定资产的折旧，应记入"生产成本——工业生产成本——间接费用"科目的借方和间接费用明细分类账的"其他间接费用"项目。

附属工业企业和辅助生产单位发生的生产用固定资产修理费，应记入"生产成本——工业生产成本""生产成本——辅助生产成本"科目的借方和各种产品成本明细分类账的"其他直接费用"项目，或先在各生产车间的其他直接费用明细分类账中进行汇总，然后分配计入各种产品的成本。附属工业企业发生的管理用固定资产修理费，应记入"生产成本——工业生产成本——间接费用"科目的借方和间接费用明细分类账的"修理费"项目。

附属工业企业发生的邮电费、差旅费、文具印刷费等费用，应记入"生产成本——工业生产成本——间接费用"科目的借方和间接费用明细分类账的"办公费"项目。

## 四、间接费用的分配

"生产成本——工业生产成本——间接费用"科目归集的费用，在生产一种产品的附属工业企业，可直接计入这种产品的成本；在生产多种产品的企业，则要采用适当的分配方法，将它分配计入各种产品成本。

分配间接费用的方法，常用的有生产工人工时比例法、直接费用比例法、定额工时比例法、产品标准产量比例法等。

①生产工人工时比例法是以各种产品的生产工人工作时数的比例作为标准来分配间接费用的方法。它的核算方法如下。

某种产品应分配的间接费用＝间接费用总额 × 该种产品的生产工时数／各种产品生产工时总数。

②直接费用比例法是以各种产品的直接费用（包括工资、材料费、其他直接费用）的比例作为标准来分配间接费用的方法。

③定额工时比例法是以各种产品的定额工时数的比例作为标准来分配间接费用的方法。

④产品标准产量比例法是以各种产品的标准产量的比例作为标准来分配间接费用的方法。

废品损失明细分类账归集的各种产品的废品损失，要在月末记入各种产品成本明细分类账的"废品损失"项目。

# 五、生产费用在完工产品和在产品之间的划分

附属工业企业和辅助生产单位发生的各项生产费用，经过上面所述方法分配以后，都已分别计入各种产品成本明细分类账。在没有在产品或在产品很少的情况下，如发电站、给水站、蒸汽站、混凝土搅拌站等，产品成本明细分类账所归集的生产费用，就是完工产品的实际总成本，以实际总成本除以产品产量，就可算出完工产品的实际单位成本，据以考核和分析这种产品的成本计划的完成情况。如果既有完工产品，又有在产品，还应将本月发生的生产费用和月初在产品成本，在本月完工产品和月末在产品之间加以划分才能算出本月完工产品成本和月末在产品成本。它们之间的关系如下。

月初在产品成本＋本月生产费用＝本月完工产品成本＋月末在产品成本

要划分本月完工产品成本和月末在产品成本，首先要确定完工产品和月末在产品的数量。这里完工产品是指车间加工完成并已验收入库的自制半成品和最后完工的产成品，它的数量可根据自制半成品和产成品交库单来核算。月末在产品是指在本月已经加工但尚未完工需要在下月继续加工的产品。凡设有在产品卡片记录的，可根据在产品卡片记录确定月末在产品的数量；没有在产品卡片记录时，根据实地盘点数量来确定。

各种产品的成本（包括月初在产品成本和本月发生的生产费用）在完工产品和在产品之间划分的方法，主要有以下几种。

## （一）按约当产量比例核算

约当产量是指月末在产品的实际产量按其完工程度折算为完工产品的数量。按约当产量比例核算，就是将本月各种产品的成本，按其完工产品数量和在产品约当产量的比例进行划分。因为在产品耗用各种费用的程度不一，所以要分别成本项目核算在产品的约当产量。材料要按其投料程度核算约当产量，人工费和其他成本项目要按在产品的完工程度核算约当产量。如果材料是在生产开始时一次投入的，则在产品的材料成本和完工产品一样，不需要再核算在产品中材料项目的约当产量。

对于废品损失，通常可只计入完工产品成本，月末在产品可不负担。这是因为废品损失主要是由本月份内企业生产工作中的过失所造成的。把废品损失集中记入本月完工产品的成本，有利于引起管理层到操作层的注意，从而及时采取措施，改进生产管理工作。

## （二）在产品按定额成本核算

在各项消耗定额比较准确的情况下，月末在产品可以按照定额成本核算，并以产品成本减去按定额成本核算的月末在产品成本，核算完工产品成本。

例如，某附属工业企业 200 件甲种在产品的单位材料消耗定额为，子种材料 10 千克，每千克价值 10 元；丑种材料 4 千克，每千克价值 4 元。在产品在各个工序已完成定额工时共 480 小时，每小时人工费为 2.50 元，每小时其他费用为 1.60 元。则甲种产品月末在产品的定额成本可以核算如下。

定额材料成本 =200×（10×10+4×4）=23 200 元

定额人工成本 =480×2.50=1 200 元

定额其他费用成本 =2 400×1.60=3 840 元

定额成本合计 28 240 元

## （三）按定额耗用量比例核算

定额耗用量是指产品产量乘以预算定额所求得的耗用量。按定额耗用量比例核算，就是将各种产品成本按完工产品和月末在产品的定额耗用量的比例，分别成本项目核算完工产品成本和月末在产品成本。完工产品和月末在产品的定额耗用量，要分别材料、人工和费用来确定。在实际核算时，材料的定额耗用量可按材料实际定额耗用量或材料的定额成本（当耗用多种材料时）核算。人工费、其他费用的定额耗用量可按定额工时核算。

按定额耗用量比例核算完工产品和月末在产品成本的方法，不仅核算结果比较合理，还便于将实际成本与定额成本相比较，考核和分析定额的执行情况。

除了上述三种核算方法外，如果某种产品成本中的材料成本占很大的比重，月末在产品成本也可只核算材料成本，人工和其他费用成本均由完工产品负担。如各月的在产品数量变动不大，为了简化手续，可用年初的在产品成本作为各月月末在产品成本，也就是将各个月份归集于某种、某类产品的全部生产费用，作为本月完工产品的成本。但在年终，应根据实际盘点的在产品数量，重新核算在产品成本，以免在产品成本与实际出入过大，影响年度成本核算的准确性。

# 第三节　混凝土和钢筋混凝土构件成本的核算

## 一、混凝土成本的核算

品种成本核算法是按照产品品种核算产品成本的一种方法。它既不要求按照产品、批别核算成本，也不要求按照生产步骤核算成本。它适用于大量、大批的单步骤生产，如发电、给水、蒸汽、混凝土等生产。在大量、大批的多步骤生产中，如果生产规模小，管理上不要求按照分步骤核算成本，也可采用品种成本核算法。如小型混凝土构件的预制，虽是多步骤生产，也可采用品种成本核算法核算产品成本。

在采用品种成本核算法的企业单位或车间中，如果只生产一种产品，只要为这种产品设置产品成本明细分类账，发生的全部生产费用都可以直接计入这种产品成本。如果生产多种产品，则要按产品品种分别设置产品成本明细分类账，直接费用计入各种产品成本，间接费用采取适当的分配方法，计入各种产品成本。

月末核算成本时，如果没有在产品或者在产品数量很少，不需要核算月末在产品成本，各种产品成本明细分类账中按照成本项目归集的全部生产费用，就是各产品的总成本，除以产量，就是各产品的单位成本。如果有在产品，而且数量较多，要将产品成本明细分类账中归集的生产费用和月初在产品成本，在本月完工产品和月末在产品之间加以划分，核算产成品成本和月末在产品成本。

按照品种成本核算法核算产品成本，是成本管理对于成本核算最基本的要求，因而品种成本核算法是最基本的成本核算方法。

混凝土生产属于简单生产，它主要为施工单位提供混凝土。混凝土的计量单位是立方米，每一立方米混凝土的生产费用支出，就是它的单位成本。在生产各种标号混凝土的混凝土搅拌站，要为各种标号混凝土分别设置产品成本明细分类账，按成本项目分栏登记发生的生产费用，以完成的混凝土数量（立方米）除以当月发生的生产费用，求得每一立方米混凝土的成本。

## 二、钢筋混凝土构件成本的核算

附属工业企业和辅助生产单位生产的各种钢筋混凝土构件，都要经过钢筋成型、混凝土浇灌（包括安装模板、摆置骨架、混凝土搅拌、捣固、养护、拆模、起吊等工序）这两个生产步骤（与两个生产步骤相适应，一般都设钢筋、预制两个车间）。由于生产品种规格较多，很难采用分步成本核算法，按生产步骤和各种构件设置成本明细分类账来核算它们的成本，而只能先按生产步骤和构件类别设置产品成本明细分类账，算得各类构件的成本，然后根据各种构件的计划成本或预算成本的比例，分配核算各种构件的成本。

如果混凝土构件预制厂钢筋、预制两个车间生产的大型屋面板和多孔板规格较多，按各种规格列为成本核算对象分别核算，不但工作量较大，而且也很难将它们耗用的材料、人工等划分开来。因此，往往采用分步分类成本核算法，即钢筋、预制车间分别按大型屋面板、多孔板共设置四个产品成本明细分类账。由于要按构件类别核算成本，对于各个车间发生的动力、折旧、修理等生产费用，也要按车间先行核算或汇总，然后根据一定标准分配计入各类构件成本。对于这些费用，可以分别进行分配，也可合并设置一个其他直接费用项目，并按车间设置其他直接费用明细分类账，于月终按照各类构件耗用工时的比例，分配计入各类构件成本。至于混凝土构件预制厂的间接费用，也应先在间接费用明细分类账中汇总登记，再根据各类构件耗用工时的比例，分配计入各类构件成本，然后按照下列程序，核算各种构件的成本。

①根据产品成本明细分类账，汇总各类构件在各车间发生的生产费用（包括发生的工料费和分配的其他直接费用和间接费用）。

②核算各车间各类构件的在产品成本。考虑到各种构件的成本主要是材料费用，为了简化核算手续，可根据材料费核算。

③将各类构件在钢筋车间发生的生产费用，加月初在产品成本，减月末在产品成本，求得本月成型钢筋的成本，然后加上预制车间的成本，求得本月完工各类构件的实际成本。

④将各种构件的预算成本，分别乘以各该构件的生产数量，求得各种构件的预算成本的总和。

⑤将各类构件的预算成本的总和，除以本月完工各类构件的实际成本，求得各类构件实际成本占预算成本的百分比。

⑥将各类构件实际成本占预算成本的百分比乘以该类各种构件的预算成本，求得各种构件的实际成本，再分别除以各种构件的生产数量，即得其单位成本。

以上各种构件的单位成本是以立方米为计量单位的，如果要求得各种构件每块的成本，则可将各种构件每块的体积，乘以该构件每立方米成本求得。

# 第四节　机械设备制造和修理成本的核算

附属工业企业和辅助生产单位对于机械设备制造成本和修理成本的核算，一般采用分批（订单）成本核算法和分类成本核算法。

## 一、分批成本核算法

分批成本核算法是按照产品批别核算产品成本的一种方法。它适用于小批、单件生产，如机械设备制造和机械设备大修理等。

在小批、单件生产的生产单位中，产品的品种和每批产品的数量，往往根据其需求单位的订单确定，因而按照产品批别核算产品成本，也是按照订单核算产品成本，所以分批成本核算法也叫订单成本核算法。在按照产品批别或订单组织生产时，生产计划部门要向车间签发生产通知单，并通知会计部门。在生产通知单中，要对该批生产任务进行编号，作为产品批号。会计部门根据产品批号设置产品成本明细分类账。产品成本明细分类账的开设和结账，应同生产通知单的签发和结束配合一致，以保证各批产品成本核算的正确性。

如果是单件生产，在产品完工以前，产品成本明细分类账中记录的生产费用，都是在产品成本。产品完工时记录的生产费用，就是完工产品的成本。

如果是小批生产，由于产品批量小，批内产品一般都能同时完工，产品成本明细分类账中登记的生产费用，通常也不需要在完工产品和月末在产品之间进行划分。小批生产中各种产品如果分月完工，在完工产品的数量占该批数量的比重很小时，为了简化核算程序，可以先按计划单位成本核算完工产品的成本。该批产品的生产费用，扣除按计划单位成本核算的完工产品成本，其余为在产品成本。待该批产品完工时，再核算该批产品的总成本和单位成本。如果完工产品数量占该批数量的比重较大，为了正确核算产品成本，应该采用适当的方法，核算完工产品成本和在产品成本。

附属工业企业和辅助生产单位为各施工生产单位制造的各种施工机械和生产设备，一般都是小批、单件生产，应采用分批（订单）成本核算法，以批、件作为一个成本核算对象，设置产品成本明细分类账。凡能直接计入某批、某件机械设备成本的生产费用，应直接计入该批、该件机械设备成本；凡不能直接记入某批、某件机械设备成本，而应由各批、各件机械设备成本共同负担的生产费用，应先记入间接费用明细分类账，然后于月终按照各批、各件机械设备耗用工时的比例，分配计入各批、各件机械设备成本。因此，机械设备制造成本核算的程序和建筑安装工程成本核算的程序是相同的。

施工机械、生产设备、运输设备等的修理，分为大修理和经常修理两类。

由于机械设备的大修理需用时间较长，耗用工料较多，一般都以所修的各种机械设备为成本核算对象，分别设置产品成本明细分类账，采用与制造机械设备相同的分批（订单）成本核算法。

机械设备的经常修理，由于次数频繁，工作量不大，如果也采用分批（订单）成本核算法，以所修的各种机械设备作为成本核算对象，分别记录承修各种机械设备的工时等，将不胜其烦，实际工作中也难以做到。为了简化成本核算工作过程，也可与金属结构厂的钢门、钢窗等一样，采用分类成本核算法。

## 二、分类成本核算法

采用分类成本核算法，要先根据产品所用材料和工艺过程的异同等因素，将产品分为几类，按照产品类别设置产品成本明细分类账，核算各类产品的成本。然后选择合理的分配标准，在每类产品内的各种产品之间分配费用，核算类内各种产品的成本。如有在产品，还应先将月初在产品成本和本月发生的生产费用在完工产品和月末在产品之间划分，算得每类产品的完工产品成本和月末在产品成本。

在类内各种产品之间分配费用，一般有产品的定额消耗量、计划成本及产品的重量、体积等标准。对于各种定型产品，为了简化分配工作，也可将分配标准折算成相对固定的系数，按照系数进行分配。确定系数时，要将某种产品定为标准产品，并把它的系数定为"1"，用其他各种产品与标准产品相比，就可算出其他产品与标准产品之间的比例，即系数。在分类成本核算法中，按照系数分配类内各种产品成本的方法，也叫系数成本核算法。

假定某建筑施工企业所属金属结构厂按生产钢窗、钢门、钢柱、钢吊车梁、钢屋架等分类核算成本。在某月份内，从钢窗成本明细分类账中算出本月完工各种钢窗的成本为204 000元。为了简化核算手续，对各种钢窗成本采用系数成本核算法，并根据各种钢窗的计划成本的比例来确定它们的分配系数。对于机械设备经常修理成本的核算，可以将所修的各种机械设备合并作为一个成本核算对象，设置产品成本明细分类账，记录发生的机械设备经常修理费。月度终了时，将本月实际发生的机械设备经常修理费，加月初在修机械设备经常修理成本，减月末在修机械设备经常修理成本，算出本月修理完工机械设备经常修理的实际成本，再根据修理完工机械经常修理的计划成本的比例，或修理完工机械设备的实际成本占计划成本的百分比，算出各修理完工机械设备经常修理的实际成本。

为了简化核算手续，对月初、月末在修机械设备经常修理成本，一般可仅核算在修机械设备经常修理费用结算单中实际耗用材料的计划价格成本。

如某月份内实际发生机械设备经常修理费为15 200元，月初在修机械设备耗用材料计划价格成本为3 200元，月末在修机械设备耗用材料计划价格成本为2 720元，则该月修理完工机械设备经常修理的实际成本如下。

15 200+3 200-2 720=15 680元

修理完工机械设备经常修理的计划成本，一般是将实际耗用材料计划价格成本加上估计工缴费来核算。它的核算方法如下。

①在承修机械设备经常修理费用的结算单中，根据领料单和退料单，登记领用和退库材料的计划价格成本，算出实际耗用材料的计划价格成本。

②根据生产部门估计的各工种工人修理用工，核算工缴费。工缴费是除材料费以外的各项生产费用（包括人工费、其他直接费用和间接费用等）的取费，一般按工时核算。

如金工、白铁工每工时按6元，钳工每工时按4元，冷作工每工时按8元，电焊工每工时按7元，油漆工每工时按3.6元核算等。机械设备修理完工后，将领用材料的计划价格成本，减去退库材料的计划价格成本，算出耗用材料计划价格成本，再加上按估计修理工时核算的工缴费，算出各机械设备经常修理的计划成本。

如承修0.3立方米斗容量履带挖土机一台，在修理期间，共领用钢材100千克，每千克钢材计划价格为2.4元，油漆5千克，每千克油漆计划价格为14元。

根据生产部门估算，共需耗用修理工时如下。

金工 17 工时

白铁工 8 工时

钳工 142 工时

电焊工 12 工时

冷作工 20 工时

油漆工 25 工时

则修理这台挖土机的计划成本的核算方法如下。

耗用材料计划价格成本为：钢材 =100×2.4=240 元，油漆 =5×14=70 元，小计 310 元。

耗用工时计划价格成本小计 988 元。

挖土机经常修理计划成本为：310+988=1 298 元。

将月份内修理完工机械设备经常修理的计划成本相加，即得出月份内修理完工机械设备经常修理的计划成本合计数。

# 第五节　砖、瓦、采石成本的核算

砖、瓦、石子的生产，都属连续式复杂生产，如砖瓦厂生产砖、瓦所用的黏土，必须经过采掘、制坯、焙烧等生产步骤，然后生产出砖、瓦。采石场经过剥离、采掘、筛分等生产步骤，然后生产出施工所需的石子。由于这些生产单位的生产过程，都是由两个以上连续步骤组成的，所以在核算成本时，大都采用分步成本核算法。

分步成本核算法是根据产品生产步骤核算产品成本的一种方法。在这些连续式复杂生产企业单位中，从材料投入生产到产成品完成，要经过一系列的连续生产步骤，除最后步骤生产出来的是产成品外，其他各个步骤生产完成的都是各种不同的半成品，这些半成品是下一步骤加工的对象。根据是否要核算各个步骤半成品的成本，分步成本核算法分为逐步结转和平行结转两种方式。如果既要核算完工产品成本，又要核算各个步骤半成品成本，就可采用逐步结转分步成本核算法。

## 一、逐步结转分步成本核算法

在采用逐步结转分步成本核算法核算各个步骤产品成本时，上一步骤所产生的半成品的成本，要随着半成品实物的转移从上一步骤产品成本明细分类账转入下一步骤相同产品成本明细分类账中，以便逐步核算半成品成本和最后一个步骤的产成品成本。

具体核算程序如下。

### （一）按生产步骤设置产品成本明细分类账

如果一个步骤生产多种产品，产品成本明细分类账要按该步骤的每种产品设置，用以记录各个生产步骤发生的生产费用。对于间接费用，要先在间接费用明细分类账中进行归集，然后按照一定的标准，分配记入各个生产步骤的产品成本。

### （二）记录每个生产步骤生产的半成品、在产品和产成品的数量

在记录中通常应包括下列各项资料。

①由上一步骤转入本步骤的半成品数量。

②由本步骤转入下一步骤的半成品的数量，在最后步骤为产成品数量。

③留存本步骤的半成品数量。

④废品数量。

⑤在产品数量。

### （三）求得产品成本

按照生产流程依次核算各个生产步骤半成品和在产品的成本，并将转入下一步骤的半成品成本逐步结转，直至在最后生产步骤求得产成品成本。

各步骤耗用上一步骤半成品的成本，应根据耗用半成品数量乘以半成品的单位成本核算。如果月初有半成品，则由于各月生产半成品成本的不同，耗用半成品的单位成本也要同材料一样，采用先进先出法核算，也可先按计划单位成本核算，然后再调整成本差异。

各生产步骤如果既有完工半成品，又有在产品，要采用适当的方法，将各步骤生产费用在完工半成品和在产品之间划分核算，以便核算完工半成品成本。这样逐步结转，最后就算出产成品成本。从这里也可以看出，逐步结转分步成本核算法，实际上就是几个品种成本核算法的连续应用。

以制砖厂的砖成本核算为例，应先按制砖的各个生产步骤，即黏土采掘、制坯、焙烧等，分别设置产品成本明细分类账，记录各个步骤发生的生产费用。

## 二、平行结转分步成本核算法

在连续式复杂生产企业中，如果各个步骤生产出来的半成品都被企业下一步骤继续加工，在成本管理上也不要求核算各个步骤的半成品成本，可采用平行结转分步成本核算法。

在采用平行结转分步成本核算法时，由于不要求核算各个生产步骤半成品成本，因而也不核算各步骤耗用上一步骤转入的半成品成本，只要核算本生产步骤发生的生产费用以及其中应计入产成品的成本，将各个生产步骤中应计入产成品的成本平行结转、汇总，就可算出该种产品的产成品成本。

为了核算各个生产步骤中应计入产成品的成本，必须将各个生产步骤本身发生的生产费用（不包括上一步骤半成品成本）划分为耗用于产成品的成本，以及耗用于尚未最后成为产成品的在产品成本。这里所说的在产品，是就全厂范围而言的广义在产品。它包括本

步骤的在产品和本步骤已经完工但尚未成为最终产品的半成品（这些半成品可能留在半成品库中，也可能已被以下各步骤耗用但尚未加工成为产成品）。

采用平行结转分步成本核算法结转成本，各生产步骤可以同时核算成本，平行汇总计入产成品成本，不必逐步结转，而且能直接提供按原始成本项目反映的产品成本资料，因而能够简化和加速成本核算工作。这是平行结转分步成本核算法较逐步结转分步成本核算法的优势。但是，它不能提供各个生产步骤半成品的成本资料，不能为各个生产步骤在产品、半成品的实物管理和资金管理提供依据。因此，在实际工作中究竟采用哪种分步成本核算法，必须根据各企业单位的具体情况和管理要求来确定。

# 第六节　附属工业生产和辅助生产的总分类核算

## 一、附属工业生产的总分类核算

建筑施工企业所属附属工业生产的总分类核算，在"生产成本——工业生产成本"科目中进行。凡因生产产品而发生的各项生产费用，都要自"原材料""低值易耗品——低值易耗品摊销""材料成本差异""应付工资"或"应付职工薪酬——应付工资""应付福利费"或"应付职工薪酬——应付福利费""应付账款""待摊费用""现金""银行存款""累计折旧""长期待摊费用"等科目的贷方转入"生产成本——工业生产成本"科目的借方，做如下分录入账。

借：生产成本——工业生产成本

贷：原材料

低值易耗品——低值易耗品摊销

材料成本差异

应付工资（或应付职工薪酬——应付工资）

应付福利费（或应付职工薪酬——应付福利费）

应付账款

待摊费用

现金

银行存款

累计折旧

长期待摊费用

附属工业企业发生的间接费用,要先自"原材料""低值易耗品——低值易耗品摊销""材料成本差异""应付工资"或"应付职工薪酬——应付工资""应付福利费"或"应付职工薪酬——应付福利费""应付账款""现金""银行存款""累计折旧""长期待摊费用"等科目的贷方转入"生产成本——工业生产成本——间接费用"科目的借方。

借：生产成本——工业生产成本——间接费用

贷：原材料

　　低值易耗品——低值易耗品摊销

　　材料成本差异

　　应付工资（或应付职工薪酬——应付工资）

　　应付福利费（或应付职工薪酬——应付福利费）

　　应付账款

　　现金

　　银行存款

　　累计折旧

　　长期待摊费用

月终将间接费用分配记入产品成本时，再自"生产成本——工业生产成本——间接费用"科目的贷方转入"生产成本——工业生产成本"科目的借方。

借：生产成本——工业生产成本

贷：生产成本——工业生产成本——间接费用

附属工业企业加工完成并经验收合格入库或已堆放至指定场地的产成品，要按产品实际成本自"生产成本——工业生产成本"科目的贷方转入"库存商品"科目的借方。

借：库存商品

贷：生产成本——工业生产成本

产成品销售时，应将产品的实际成本自"库存商品"科目的贷方转入"其他业务支出——产品销售成本"科目的借方，同时将产品销售收入记入"其他业务收入——产品销售收入"科目的贷方。附属工业企业加工完成直接发委托单位的代制品或代修品，可由"生产成本——工业生产成本"科目的贷方直接转入"其他业务支出——产品销售成本"科目的借方；同时将产品销售收入记入"其他业务收入——产品销售收入"科目的贷方。

附属工业企业对销售产品如采用赊销、分期收款结算方式，并按合同约定在收款日期确认销售收入实现时，可在产成品发出或办妥赊销、分期收款销售合同（手续）后，将赊销或分期收款的产成品实际成本，从"库存商品"科目的贷方转入"分期收款发出商品"科目的借方。按合同规定期限收取销售价款时，记入"银行存款"或"应收账款"科目的借方和"其他业务收入——产品销售收入"科目的贷方，并按当期收回的价款占应收款项总额的比例核算结转已实现销售的产成品的销售成本，记入"其他业务支出——产品销售成本"科目的借方和"分期收款发出商品"科目的贷方。

附属工业企业对验收入库或堆放至指定场地的产成品，应设置产成品明细分类账（或"产成品卡片"），并在明细分类账（或卡片）的收入、发出和结存栏，各设数量、单价和金额三栏，用以进行数量和金额的核算，平时可只记收入和发出的数量，待月终算出入库产成品的实际成本后，再按照先进先出法核算发出和结存产成品的实际成本。为了简化核算手续并均衡核算工作，对发出产成品的实际成本，也可按月初结存产成品的平均单位成本（即单价）核算。

## 二、辅助生产的总分类核算

建筑施工企业辅助生产的总分类核算，在"生产成本——辅助生产成本"科目中进行。凡因生产产品或提供劳务而发生的各项费用，都要自"原材料""低值易耗品——低值易耗品摊销""材料成本差异""应付工资"或"应付职工薪酬——应付工资""应付福利费"或"应付职工薪酬——应付福利费""银行存款""累计折旧""长期待摊费用"等科目的贷方转入"生产成本——辅助生产成本"科目的借方。

借：生产成本——辅助生产成本

贷：原材料

低值易耗品——低值易耗品摊销

材料成本差异

应付工资（或应付职工薪酬——应付工资）

应付福利费（或应付职工薪酬——应付福利费）

银行存款

累计折旧

长期待摊费用

由于辅助生产单位加工的产品和提供的劳务，大都供应企业内部，为了简化核算手续，一般可不分配施工生产单位的间接费用。

辅助生产单位加工完成并验收合格入库的成品，大都属于施工单位需要的材料，应按计划价格（预算价格）成本自"生产成本——辅助生产成本"科目的贷方转入"原材料""低值易耗品"等科目的借方。

借：原材料

低值易耗品

贷：生产成本——辅助生产成本

同时将入库成品实际成本与计划价格成本之间的差异，自"生产成本——辅助生产成本"科目转入"材料成本差异"科目。当实际成本大于计划价格成本时，要将成本差异自"生产成本——辅助生产成本"科目的贷方转入"材料成本差异"科目的借方。

借：材料成本差异

贷：生产成本——辅助生产成本

当实际成本小于计划价格成本时，要将成本差异用红字记入"生产成本——辅助生产成本"科目的贷方和"材料成本差异"科目的借方。辅助生产单位对本企业内部各项工程施工、产品生产、机械作业、管理部门、专项工程提供的劳务，应按实际成本自"生产成本——辅助生产成本"科目的贷方转入"生产成本——工程施工成本"或"工程施工""生产成本——工业生产成本""生产成本——机械作业成本"或"机械作业""管理费用""在建专项工程"等科目的借方。

借：生产成本——工程施工成本（或工程施工）

生产成本——工业生产成本

生产成本——机械作业成本（或机械作业）

管理费用

在建专项工程

贷：生产成本——辅助生产成本

为了及时核算工程、产品的成本，对辅助生产部门为企业内部提供的劳务，也可先按内部结算价格进行结转，于月终算出劳务的实际成本后，再按实际成本进行调整。

# 第五章　人力资源的财务管理

## 第一节　职工薪酬及其核算的内容

职工薪酬是指企业为获得职工提供的服务而给予其各种形式的报酬以及其他相关支出。职工薪酬除了职工工资、奖金、津贴和补贴外，在《企业会计准则》中还包括职工福利费、医疗保险费、养老保险费、失业保险费、工伤保险费和生育保险费，住房公积金，工会经费和职工教育经费，非货币性福利，因解除与职工的劳动关系而给予的补偿，及其他与获得职工提供的服务相关的支出。

在职工薪酬方面，有一个司空见惯的误区：低薪可以降低成本。事实上，员工在物质上没有达到相对满足的水平，是不可能全力以赴工作的。在这种情况下，人力资源的浪费、消极怠工、工作质量的下降等因素带来的损失，反而大大提高了成本。所以，企业不如提高员工的薪酬，给员工一个好的待遇来回报员工，给员工提供具有竞争力的薪酬和福利待遇，以满足员工的物质需求，从而增强其认同度和归属感。这样不仅可以为企业降低成本，还可以留住优秀人才。

建筑施工企业职工薪酬的核算，要认真贯彻国家的相关政策，及时正确地核算各个职工应得的工资和相关收入，考核薪酬计划的执行情况。各个建筑施工企业必须根据企业的施工任务、劳动生产率水平和企业的经济效益，来确定工资和相关支出的支付标准，制订人员定额和工资及相关支出计划，促使企业节约使用劳动力，在保证劳动生产率不断提高的基础上，逐年提高企业职工的工资和福利水平。

建筑施工企业职工工资的核算，要根据职工提供服务的数量和质量，正确核算每一个职工的工资，并及时进行结算，保证按劳分配原则的贯彻执行。要按照工资支出的用途和发生的地点，正确地归集和分配工资支出，并合理地计入工程和产品成本。工资是企业生产费用的组成部分，只有正确地核算各项工程和产品所支付的工资，才能正确核算工程和产品的人工费。因此，必须按照工资支出的用途和发生的地点，归集和分配工资支出，核算各项工程和产品的人工费，并通过人工费的核算，促使企业改善劳动组织形式，提高劳动生产率，不断降低工程成本。

建筑施工企业除工资外的其他薪酬，有的是政府部门规定必须缴纳用于社会保障方面的支出，有的是企业直接用于改善职工生活条件和用于职工后续教育等方面的支出。在核算时，对前者要及时上缴；对后者，要规定开支范围和开支标准，防止支出失控。

职工薪酬的核算，采用《企业会计制度》的建筑施工企业，通过"应付工资""应付福利费""其他应付款"等科目进行。采用《企业会计准则》的建筑施工企业，通过"应付职工薪酬"科目及其按用途分别设置的"应付工资""应付福利费""应付社会保险费""应付住房公积金""应付工会经费""职工教育经费""应付辞退补偿"等二级科目进行。在实际核算工作中，也可将上列二级科目提升为一级科目。

# 第二节　职工的分类和工资总额的组成

## 一、职工的分类

为了正确核算各类职工应得的工资，考核工资计划的执行情况，并且合理地分配工资支出，必须了解建筑施工企业职工的分类。

建筑施工企业的职工是指在建筑施工企业中工作，并由企业支付工资的全部人员。企业的全部人员按其工作性质和所处劳动岗位，分为如下六类。

①生产工人指直接从事建筑安装施工生产活动的物质生产的工人，包括建筑安装工人、附属辅助生产工人、运输工人和在现场直接服务于施工生产的其他生产工人。

②学徒指在熟练工人指导下，在施工生产劳动中学习生产技术、享受学徒待遇的人员。

③工程技术人员指担任工程技术工作，并具有工程技术能力和职称的人员。

④管理人员指在企业各职能机构及各基层单位从事行政、生产、经济管理和政治工作的人员。

⑤服务人员指服务于职工生活和间接服务于生产的人员。

⑥其他人员指由企业开支工资，但与企业施工生产活动无关的人员，包括出国援外人员、长期脱产学习人员、长期病假人员、派出外单位工作人员等。

通过上述分类，可以反映企业职工的组成和劳动力的使用情况，同时也有利于工资支出按其用途进行分配，并考核工资计划的执行情况。

## 二、工资总额的组成

工资总额是指各企业单位在一定时期内直接支付给本企业单位全部职工的劳动报酬总额。建筑施工企业工资总额的核算，应以直接支付给建筑施工企业职工的全部劳动报酬为依据。它由以下六个部分组成。

### （一）基本工资

基本工资也叫标准工资，它是按照规定的标准核算的工资，包括实行结构工资制的基础工资、职务工资和工龄津贴。基本工资是职工的基本收入，也是工资总额的主要组成部分。基本工资又可分为计时工资和计件工资两种形式。

①计时工资。指按计时工资标准和工作时间核算并支付给职工的劳动报酬。

②计件工资。指根据职工所完成的合格工程、产品数量和计件单价核算并支付给职工的劳动报酬。

### （二）经常性奖金

经常性奖金是指在基本工资之外，对完成或超额完成工作量以及有关经济技术指标的职工支付的各种奖励性报酬。如超产奖、质量奖、安全（无事故）奖、考核各项经济指标的综合奖、提前竣工奖、年终奖、节约奖、劳动竞赛奖等。

### （三）工资性津贴

工资性津贴是指为了补偿职工额外或特殊的劳动消耗，以及为了保证职工的工资水平不受特殊条件的影响，或鼓励职工安心于劳动强度大、条件艰苦的工作岗位而支付给职工的各种津贴和补助。如高空津贴、井下津贴、野外津贴、夜班津贴、技术性津贴等。

### （四）加班加点工资

加班加点工资指按国家规定的标准支付给职工的在法定工作时间之外从事劳动的报酬。

### （五）非工作时间工资

非工作时间工资指根据国家法律、法规和政策规定对职工在某些特殊情况下非工作时间支付的工资。如病假、工伤假、产假、婚丧假、探亲假、计划生育假、定期休假、停工学习、履行国家或社会义务时的工资。

### （六）企业的工资总额

企业的工资总额，也叫企业的工资基金。所有企业单位的工资总额，构成国民收入分配数额的一个重要组成部分，体现一定时期内国家积累和消费的比例关系。因此，加强工资总额的管理和核算，促使企业按规定发放奖金和津贴，不仅可以使企业节约使用劳动力，控制工资支出，防止工程、产品成本中人工费超支，达到降低工程、产品成本的目的，而且对整个国民经济核算也具有重要的意义。

# 第三节　工作时间和工程数量的核算

## 一、工作时间的核算

建筑施工企业在进行工资核算时，首先应了解每一职工的出勤、缺勤和工作时间的利用情况，做好工作时间的核算。工作时间的核算，能反映企业每个职工在每一工作日内的工作时间和在各项工程施工过程中所耗用的时间，可以为以下工作提供参考。

①反映和检查职工是否按时上班、下班，是否有无故迟到、早退等情况，促使职工自觉遵守劳动纪律，提高出勤率。

②记录每一职工的工作时间及工作对象，据以结算工资和核算各项工程的人工费。

③提供工作时间利用情况的资料，以便进一步挖掘工时利用的潜力，不断提高劳动生产率。

记录工作时间的方法和凭证，要视各个企业的劳动组织和管理制度等具体情况而定。对于生产人员，通常可按班组分别设置考勤表（也叫计工单），由班组长或考勤员对每一工人逐日记录其出勤作业时数和缺勤停工等非作业时数。对于缺勤停工的记录应注明其原因。在登记时，可用"事"代替事假，"旷"代替旷工，"停"代替停工，"病"代替病假，"伤"代替工伤，"会"代替开会，"学"代替学习，"雨"代替雨休等。另外，还要将班组内工人作业时数逐日按工程等类别分析汇总填列在考勤表的下端，以便据以核算各项工程应分配的工资。

每月终了，要根据考勤表结算每个职工应得的工资，并分别按建筑安装工人、机械施工人员、辅助生产工人等编制工时汇总表，用以汇总本月内各项工程耗用的工时，并反映工时利用情况。

企业各职能部门管理人员和其他非直接生产人员的考勤，要在按部门分别设置的考勤表中进行，并根据考勤表的出勤记录结算工资。

## 二、工程数量的核算

建筑施工企业如果采用计时奖励工资或计件工资的核算方式，还要记录职工完成的工程数量，进行工程数量的核算，以便核算职工应得的奖金或计件工资。在建筑施工企业里，常用工程任务单来记录职工完成的工程数量。

工程任务单是施工员根据施工作业计划，于施工前下达给工人班组的具体工作通知，也是用以记录完成工程数量、核算奖金或计件工资的凭证。通常于施工前由施工员会同定额员根据施工作业计划和劳动定额，参照施工图纸，按不同班组分别签发。由于定额项目不同或施工条件变化，对需要制订临时补充定额的工程项目，定额员应会同施工员提出初步意见，按照定额批准手续经批准后签发。

工程任务单中的工程完工后，班组长应立即向施工员报告。施工员根据工程任务单中规定的各项条件进行检查，并会同质量检查员进行验收，评定质量等级。实际验收的工程数量，原则上不得多于或少于签发的工程任务单中的工程数量。如实际验收数量与规定数量有出入，必须查明原因，经领导批准后才能结算。

每月签发的工程任务单，应于月末进行结算。如果某些工程尚未全部完工，先将其完工部分按估计数进行结算。未完工部分可结合下月施工作业计划中的工程任务，再签发给原来的班组，使当月完成的工程和当月应发的奖金或工资于当月结算，并正确反映工程成本中的人工费。

在按班组签发工程任务单核算计件工资时，根据工程任务单只能算出各班组应得的计件工资总额，当工程总额在班组成员之间进行分配时，还需考虑各个职工的出勤情况。因此，在采用计件工资的核算方式时，仍要使用考勤表记录各个职工的出勤情况。不过在这种情况下，考勤表中可仅记录各个职工的作业工时数和非作业工时数，不必对作业工时数按工程对象另加分析汇总。

在采用计件工资的核算方式时，对于某些受施工条件限制，不能计件的零星工程或无法确定工资单价的任务，施工员可签发计时工程任务单，按实际工作时间和标准工资来核算工资。计时工程任务单的格式，除应具备工程任务单的一些必要内容外，还要在下端或背面记录完成该项工程任务的各个工人的工作时数或日数，以便根据各个工人的工作时数（或工作日数）和时标准工资（或日标准工资），算出应发工资。

凡在施工过程中因等待材料、等待图纸、气候影响、停电等原因而发生停工又无法及时安排其他工作时，应由班组长在当天下班前填写停工单，经施工员签章后，交给考勤员保管，作为结算工资的凭证。在填写停工单时，必须对停工原因进行分析说明。由于设计变更、等待图纸以及其他属于发包建设单位原因造成的停工，应由发包建设单位负担停工工资的，要及时通知发包建设单位驻工地代表在停工单上签字证明，作为建筑施工企业与发包建设单位结算停工工资的凭证。至于工人进入施工现场在尚未接受任务以前的停工，应由考勤员填写停工单，经施工员签章后，由考勤员保管，据以结算工资。职工停工时间的工资，一般低于标准工资，如按标准工资的80%核算等。

# 第四节　工资的结算、支付、核算与入账

## 一、工资的结算和支付

建筑施工企业职工工资的核算，通常按月进行。工资的支付，有的与工资核算期相同，即按月支付；有的每月支付两次，上半月预付一次，下半月进行结算。对个别采用计件工资或包工工资核算方式的班组，也有按工程任务单结算和支付工资的。

建筑施工企业发给施工生产单位职工的工资，一般由各单位的工资员进行核算，各职能部门职工的工资，由会计部门进行核算。为了正确及时地核算职工的工资，各班组和职能部门应将上节所述有关工资核算的原始记录，如考勤表、工程任务单、停工单等及时送交工资员和会计部门加以审核，以便正确核算每个职工的工资。

## 二、工资的核算和入账

工资核算的主要任务是，一方面正确核算每个职工的应付工资和实发工资，反映企业与职工的结算情况和企业工资计划的执行情况，保证工资总额的合理使用；另一方面将工资支出按其用途或发生地点进行归集和分配，以便正确地记入有关科目。这两方面是相互联系、不可分割的。所有应付职工的工资都必须按其用途进行分配，并记入有关的科目；而所有记入有关科目的工资支出又必然是企业的应付工资。

工资的总分类核算是根据工资结算汇总表和有关工资的付款凭证，通过"应付工资"或"应付职工薪酬——应付工资"科目（采用《企业会计制度》的建筑施工企业用"应付工资"科目，采用《企业会计准则》的建筑施工企业用"应付职工薪酬——应付工资"科目，以下同）进行的。"应付工资"或"应付职工薪酬——应付工资"科目的借方登记本月应发工资总额，包括用现金支付的和通过银行转账支付的工资，以及职工未领的工资；贷方登记按支出用途分配记入有关科目的当月应付工资总额。因此，设置和运用"应付工资"或"应付职工薪酬——应付工资"科目，一方面集中反映企业支付给全体职工的工资，更好地控制工资总额的使用；另一方面也便于进行工资的结算和分配，有利于全面了解工资的分配情况，促使企业节约使用劳动力。

如果企业有从事多种经营的业务人员，应将他们的工资记入"其他业务支出"科目的借方；有从事固定资产建造、扩建、改建、修理以及临时设施搭建等专项工程的工人，应将他们的工资记入"在建专项工程"科目的借方。

对于工资结算汇总表中向职工收回的代交款项，应记入"其他应付款"科目的贷方和"应付工资"或"应付职工薪酬——应付工资"科目的借方，做如下分录入账。

借：应付工资（或应付职工薪酬——应付工资）

贷：其他应付款

根据工资结算汇总表中的实发工资，开出支票，从银行结算账户中提取现金，支付工资时，应做如下分录入账。

借：现金

贷：银行存款

借：应付工资（或应付职工薪酬——应付工资）

贷：现金

企业在支付工资时，可能有少数职工因故不能按时领取工资。对于这些未领工资，在超过企业规定的工资发放期限后，应由班组、车间、部门交回，并编制待领工资明细表，做如下分录入账。

借：现金

贷：其他应付款——未领工资

同时，将未领工资的现金存入银行。

借：银行存款

贷：现金

如果企业对职工的工资每月分两次支付，即上半月预付一次，下半月进行结算，一般在上半月预付相当于全月标准工资的一半。为了简化核算手续，预付工资最好为整数。如月标准工资为 833.30 元，在上半月可预付 410 元；月标准工资为 782.92 元的，在上半月可预付 390 元等。预付工资时，应做借记"应付工资"或"应付职工薪酬——应付工资"科目和贷记"现金"科目的分录入账。下半月结算工资时，应将上半月预付工资在工资结算单或"工资结算卡片"中的"上半月预付"栏内列明并扣回。由于此项预付工资已做借记"应付工资"或"应付职工薪酬——应付工资"科目的分录，所以，不必再做扣款的分录，只要将下半月发放工资的金额，做工资支付的分录即可。

# 第五节　个人所得税的概述与合理避税

## 一、个人所得税的概述

个人所得税是对个人（即自然人）取得的各项应税所得课征的一种税。个人所得税的纳税义务人，包括中国公民、个体工商户及在中国有应税所得的外籍人员和台湾、香港、澳门同胞。依据住所和居住时间两个标准，个人所得税的纳税义务人可以区分为居民纳税义务人和非居民纳税义务人，二者的纳税义务是不同的。

### （一）个人所得税的纳税义务人

#### 1. 居民纳税义务人

居民纳税义务人是指，在我国有住所，或者无住所而在境内居住满一年的个人，包括两种情况。

①有住所的个人。即由于户籍、家庭、经济利益关系（主要的财产坐落地和经营活动中心所在地）等原因而在中国境内习惯性居住（个人因任职、旅行或从事劳务等在其他地方滞留的原因消失后所必须回到的地方）的个人。

②无住所而居住满一年的个人。税法规定的一年是在一个纳税年度内居住满 365 日，同时临时离境不能扣减天数。临时离境是指每次不超过 30 日，连续累计不超过 90 日。

居民纳税义务人负有无限纳税义务，其所取得的应纳税所得，无论是来源于中国境内还是中国境外任何地方，都要在中国缴纳个人所得税。

#### 2. 非居民纳税义务人

非居民纳税义务人是指，在我国境内无住所又不居住或者无住所而在境内居住不满一年的个人。非居民纳税义务人负有有限的纳税义务，仅就其来源于中国境内的所得向中国缴纳个人所得税。

税法对个人所得税规定了一些优惠条件：在中国境内无住所，但居住满一年以上五年以下的个人，其来源于中国境外的所得，可只就由中国境内公司、企业以及其他经济组织或者个人支付的部分缴纳个人所得税；居住超过五年的个人，从第六年起，就来源于境内外的全部应税所得纳税。外籍纳税人在一个纳税年度内，在中国境内连续或累计居住不超过90日，其来源于境内所得，凡由境外雇主支付，并且不由该雇主设在中国境内机构、场所负担的部分，免予缴纳个人所得税。

## （二）确定个人所得税的所得来源地

中国的个人所得税依据所得来源地的判断应反映经济活动的实质，要遵循方便税务机关实行有效征管的原则，具体规定如下。

工资、薪金所得以纳税人任职受雇的公司、企业、事业单位，机关团体，部队学校等单位的所在地，作为所得来源地。

生产、经营所得以生产、经营活动实现地，作为所得来源地。

劳务报酬所得以纳税人实际提供劳务的地点，作为所得来源地。

不动产转让所得以不动产坐落地为所得来源地；动产转让所得以实现转让的地点为所得来源地。

财产租赁所得以被租赁财产的使用地，作为所得来源地。

利息、股息、红利所得以支付利息、股息、红利的企业、机构组织的所在地，作为所得来源地。

特许权使用费所得以特许权的使用地作为所得来源地。

## （三）个人所得税的应纳税所得的项目

《中华人民共和国个人所得税法》列举的应纳税所得的项目包括：工资、薪金所得；个体工商户生产、经营所得；其他个人从事个体工商业生产经营所得；承包经营、承租经营所得；劳务报酬所得；稿酬所得；特许权使用费所得；利息、股息、红利所得；财产租赁所得；财产转让所得；偶然所得。

经国务院财政部门确定征税的其他所得，指上述所得以外，经国务院财政部门确定的所得。

统一后的个人所得税采用分项所得税，即上述所列各项所得，分别按照税率核算应纳税额。这种征税方法，对税务筹划者来说，增加了税务筹划的机会和手段。可根据不同的收入来源采用不同的税务筹划方法。对征税者来说，征税任务繁重，税款流失难以避免。

## 二、个人所得税的合理避税

### （一）避开劳务报酬中的加成征收

我国的个人所得税对纳税人取得的劳务报酬所得是按"次"征收税款的。税法对于不同的劳务报酬所得方式，在"次"上有具体的规定：一是对只有一次性收入的，以取得该项收入为"一次"；二是对属于同一事项连续取得收入的，以1个月内取得的收入为"一次"。

在对个人取得的劳务报酬核算个人所得税时，适用20%的比例税率，但是对于"一次收入畸高"的劳务报酬，则采取了加成征收的方式，即对于个人一次取得的劳务报酬，其应纳税所得额超过2万元至5万元的部分，按应纳税额加征5成；超过5万元的部分加征10成。这样劳务报酬适用的税率就演化成了三级超额累进税率。根据上述劳务报酬个人所得税的规定，为了避免超额税收负担，就应该在"次"的规定上进行税务筹划。

①对于只有"一次性收入"的，在可能的情况下进行必要的分割，将"畸高收入"分解为"小额收入"，当然分割理由应该是有说服力的。

②对于以1个月内取得的收入为"一次"的，在税务筹划时有一定的难度，关键取决于对"同一事项"的认定。按税法规定，是"同一事项连续取得收入"，在空间上能否将"同一事项"变为性质近似的"非同一事项"。如个人演出、文艺演出是"同一事项"，但是演出的形式很多，不同的演出形式是否属于"同一事项"，在税法上没有严格的界定；再如讲课，按"同一事项"界定，只要是讲授都属于"同一事项"，但是讲课的形式也很多，如授课、报告、实习、实验、座谈等，税法上也没有严格界定。按税法规定，劳务的内容包括近30项，不同的劳务都有其具体的表现形式，在空间上将"同一"劳务分解为不同形式的劳务，就可以避免"同一事项"的出现。

在时间上，税法规定的是1个月内连续进行的活动，纳税人或者扣缴义务人能否将连续变为非连续，这完全取决于劳务的对象和单位。有的劳务不要求连续进行，而是跨月非连续进行，从而可以避免以月按"次"纳税。有的纳税人或者扣缴义务人为了避免纳税，将本来是1个月内取得的高收入，化整为零，分解到若干个月支付，以少缴或者不缴个人所得税。这种做法是违背个人所得税法规定的，应该属于偷税行为。

### （二）利用缴纳方式合理避税

对于个人所得税的缴纳方式，我国税法做出了明确的规定：个人所得税以所得人为纳税义务人，以支付所得的单位或者个人为扣缴义务人。在两处以上取得工资、薪金所得和没有扣缴义务人的，纳税义务人应当自行申报纳税。我国税法还有规定：在外商投资企业、外国企业和外国驻华机构工作的中方人员取得的工资、薪金收入，凡是由雇佣单位和派遣单位分别支付的，支付单位应依照税法第八条的规定代扣代缴个人所得税。按照税法第六条第一款第一项规定，纳税义务人应以每月全部工资、薪金收入减除规定费用后的余额为应纳税所得额。为了有利于征收和管理，对雇佣单位和派遣单位分别支付工资、薪金的，采取由支付者中的一方减除费用的方法，即只由雇佣单位在支付工资、薪金时，按税法规定减除费用，核算扣缴个人所得税；派遣单位支付的工资、薪金不再减除费用，以支付金额直接确定适用税率，核算扣缴个人所得税。

从上述规定中可以看出，个人所得税有两种申报方式——自行申报和代扣代缴。

# 第六章　分包工程的财务管理

## 第一节　劳务分包

### 一、劳务分包概述

劳务分包作业，是指施工承包单位或者专业分包单位将其承揽工程中的劳务作业发包给具有相应资质的劳务分包单位完成的活动。

例如，甲施工单位承揽工程后，自己买材料，然后另外请乙劳务单位负责找工人进行施工，但还是由甲单位组织施工管理。

劳务分包是施工行业的普遍做法，法律在一定范围内允许；并且劳务公司不可以将承揽到的劳务再分包给其他的公司。

劳务分包在实际操作中，没有统一的形式，缺乏统一的规定，致使劳务关系处于一种不明朗的状态，由此引起的劳务纠纷很难处理，给企业和个人都带来不必要的麻烦。本书通过对现有的几种劳务分包形式的比较，找到一种维护企业和个人利益、有利于劳务纠纷顺利解决的劳务关系形式。

随着项目管理方法的推广，建筑施工企业管理层和劳务层进一步"两层分离"，在施工生产过程中，往往由于通过全面调度人力、船机设备等方面施工力量仍不能满足施工需求，同时合同工期紧迫，不分包不足以按期履约，劳务层由原先的固定用工逐渐转换为劳务作业分包形式。劳务作业分包就是指劳务分包人（总承包企业或专业承包企业）将其承包或者分包工程中的劳务作业发包给劳务受包人（劳务作业分包企业）完成的活动。

### 二、转包与劳务分包的区别

在这里要区分转包和分包的概念。转包指承包人在承包工程后，又将其承包的工程建设任务转让给第三人，转让人退出现场承包关系，受让人成为承包合同的另一方当事人的行为。分包是指从事工程总承包的单位将所承包的建设工程的一部分依法发包给具有相应资质的承包单位的行为，该总承包人并不退出承包关系。分包，可能是劳务，也可能是分部、分项工程，而劳务分包没有转包的说法。

①对象不同。转包的对象是工程或分部、分项的工程；而劳务分包的对象仅指工程中的劳务。在转包的情况下，转包人是将承包的全部建设工程任务转让给转承包人，包括建设工程任务中的经济技术责任、管理责任及劳务作业任务；而在劳务分包的情况下，劳务作业发包人仅将其承包建设工程任务中的劳务作业任务分包给劳务作业承包人。

②合同效力不同。转包属于法律法规所明确禁止的无效行为；而劳务分包属合法行为，法律对劳务分包并不禁止。相关法律明确规定，依法进行的劳务分包合法有效，不同于转包，只要认定为转包行为均无效。

③法律后果不同。转包的双方对因此造成的质量或其他问题要对发包人承担连带责任；劳务分包双方互相按合同承担相应责任，并不共同向发包人承担连带责任。

# 三、劳务分包形式

①自带劳务承包。指企业内部正式职工通过企业培训考核合格成为工长，劳务人员原则上由工长招募，劳务人员的住宿、饮食、交通等由企业统一管理，工资由企业监督工长发放或由工长编制工资发放表由企业直接发放。

②零散的劳务承包。指企业临时用工，往往是为了一个工程项目而临时招用工人。

③成建制的劳务分包。指以企业的形态从施工总承包企业或专业承包企业处分项、分部或从单位工程地承包劳务作业。

在自带劳务承包中，企业将其所承建的部分工程通过签订承包合同的形式，交由本企业职工具体承包施工，该承包人自招工人。就形式而言，工程由承包人负责施工与管理，工人的报酬也是由承包人支付，这似乎在承包人与工人之间已形成了劳务关系。但关键的问题是，该承包人系企业的职工，其是以企业的名义履行承包合同并与他人发生法律关系的，故该承包合同属于内部承包合同。承包经营属企业内部经营管理方式的变化，不产生施工合同履行主体变更问题。该承包人雇用工人的行为应视为企业的行为，被招用的工人与企业之间存在劳动关系，与承包人之间则不存在劳务关系。

在零散的劳务承包中，承包人的法律地位不应等同于分包人，而是根据劳务作业方有无用工资格分别界定为劳动关系或劳务关系，即劳动者或劳务人员。理由为承包人仅仅是工费承包，并且一般从事的是工程中单一工种的作业，其个人收入与施工效益直接挂钩，但对工程项目的承建不进行独立管理，也不对工程质量承担终身责任，仅对发包人承担"合格"的质量责任。承包人在提供劳务期间属临时性质的劳务人员，对施工期间发生的伤害事故、质量安全问题等均不承担责任。

在成建制的劳务分包中，因该劳务承包实质属于工程分包性质，承包人地位等同于分包人地位。

可见前两种劳务分包形式，在一定程度上可以说是临时用工，劳务作业分包含义只能概括第三种成建制的劳务分包形式，与其他两种情形不能等同。

# 第二节 工程结算与财务结算

## 一、工程结算

### （一）工程结算概述

工程结算是指建筑施工企业按照承包合同和已完工程量向建设单位（业主）办理工程价款清算的经济文件。工程建设周期长、耗用资金数额大，为使建筑施工企业在施工中耗用的资金及时得到补偿，需要对工程价款进行中间结算（进度款结算）、年终结算，全部工程竣工验收后应进行竣工结算。在设置会计科目时，"工程结算"为建造承包商专用的会计科目。工程结算是工程项目承包中的一项十分重要的工作。

"工程结算"全称为"工程价款的结算"，是指施工单位与建设单位之间根据双方签订合同（含补充协议）进行的工程合同价款结算。

### （二）工程结算方式

中国采用的工程结算方式主要有以下几种。

#### 1. 按月结算方式

实行旬末或月中预支，月终结算，竣工后清算的方法。跨年度竣工的工程，在年终进行工程盘点，办理年度结算。

#### 2. 竣工后一次结算方式

建设项目或单项工程全部建筑安装工程建设期在 12 个月以内，或者工程承包价值在 100 万元以下的，可以实行工程价款每月月中预支，竣工后一次结算的方式。

#### 3. 分段结算方式

即当年开工、当年不能竣工的单项工程或单位工程，按照工程形象进度划分不同阶段进行结算。

#### 4. 目标结算方式

即在工程合同中，将承包工程的内容分解成不同的控制界面，以业主验收控制界面作为支付工程款的前提条件。也就是说，将合同中的工程内容分解成不同的验收单元，当施工单位完成单元工程内容并经业主验收合格后，业主支付构成单元工程内容的工程价款。

在目标结算方式下，施工单位要想获得工程价款，必须按照合同约定的质量标准完成界面内的工程内容，要想尽早获得工程价款，施工单位必须充分发挥自己的组织实施能力，在保证质量的前提下，加快施工进度。

### 5. 结算双方约定的其他结算方式

实行预收备料款的工程项目，在承包合同或协议中应明确发包单位（甲方）在开工前拨付给承包单位（乙方）工程备料款的预付数额、预付时间，开工后扣还备料款的起扣点、逐次扣还的比例，以及办理的手续和方法。

按照中国有关规定，备料款的预付时间应不迟于约定开工日期的前7天。发包方不按约定预付的，承包方在约定预付时间7天后向发包方发出要求预付的通知。发包方收到通知后仍不能按要求预付，承包方可在发出通知7天后停止施工，发包方应从约定应付之日起向承包方支付应付款的贷款利息，并承担违约责任。

# 二、财务结算

工程财务结算指建筑施工企业完成工程任务后，按照合同规定向建设单位办理工程款项的结算。由于建筑施工产品固定、庞大、生产周期长的特点，在工程财务结算中分为工程价款结算、年终结算和竣工结算三种。

## （一）工程价款结算

为了使建筑施工企业在施工过程中耗用的资金及时得到补偿，及时反映工程进度和建筑施工企业的经营成果，对工程价款实行中间结算的办法。即按逐月完成工程量乘以预算定额单价以及各种取费标准和法定利润率核算工程价款，向建设单位办理工程价款结算手续。

## （二）年终结算

为了正确反映建筑施工企业本年度的经营成果，由建筑施工企业会同建设单位对本年度不能竣工，需跨入下年度继续施工的在建的工程量进行（已完或未完）盘点，结算本年度工程价款。

## （三）竣工结算

竣工结算是建筑施工企业将竣工工程按照合同规定，编制调整施工图预算（即原施工图预算、增减设计变更、材料代用、费用签证等资料汇总），向建设单位办理所有工程价款结算，也称竣工决算。

此外还有备料款和进度款的收取及抵扣问题。工程开始，建筑施工企业按规定向建设单位按月收取，并按月抵扣工程备料款和进度款。备料款是以形成工程实体需要材料多少、储备时间长短核算所需要占用的资金；进度款是根据建筑施工企业逐月完成建筑工作量的多少来确定。

# 第三节　与分包方的关系处理

目前随着我国建筑工程项目增多，在众多的施工总承包模式中总包与分包关系存在众多问题。比如，防止分包商跳槽和培养分包商的忠诚度方面的问题，建立稳定、持久的总包和分包相关合作的关系等等。

## 一、如何与分包商"联盟"的思考

工程总承包商、施工的总承包商以及各个专业分包商，还有劳务分包商作为建筑市场上的营利组织，要寻找到适合自己的战略合作伙伴，寻找到长久的稳定合作关系，就必须在注重自身利益的基础上，使得合作各方取得共赢的局面，这样才能长久。所以可以看出，未来企业间应实行"联盟"式的竞争方式。这里作者结合自身实践，就如何做到与分包商共赢的管理方面的问题，谈几点经验和体会。

在国家新资质就位政策的引导下，如何增强施工总承包企业的竞争力，形成有效的类似于"金字塔"式产业的组织结构，即形成以在专业分包为骨干的基础上的施工总承包为龙头，同时以劳务分包为依托的结构。另外，应该让"优势互补、长期合作、诚信互利"作为总包方和分包方的应用原则。这样才能有效地在各自的合理范围内进行有效收益，能够满足"联盟"的共同发展的需要，同时能够保持与其他"联盟"相比的优势。

一个稳定的合作环境对于在过度竞争环境下的企业来说，都是一个希望达到的目标。总承包企业，特别是国有企业一定要在此情况下抓住机会，在挑选合作伙伴时，应该选择具有主动性的、能力强的、施工能力和财务状况方面都良好的合作伙伴，这样有利于建立相互依存和稳定发展的总分包关系。对于稳定的总分包关系来说，应该包括以下几个方面，比如，资金风险的共同承担、在承揽工程中相关的合理分级报价问题，还有就是责任与权利明确的合同约定内容。要使得稳定的关系在总分包企业之间合理保持，就应该在围绕中心和顾全大局的基础上，重视建立企业间的信用关系，同时全面平衡总分包关系中的基本利益，目的则是长远的共同发展。

## 二、如何与分包商共赢的思考

在目前的建筑市场中，各个施工方的准入门槛比较低，所以，目前建筑施工企业的产品、技术，包括相关的建筑服务，这些"同质化"问题较为严重，独家的工程技术优势已经很难体现，在竞争中赢得优势也就存在相当的困难。一般来说，"渠道"和"价格"在产品同质化的情况下，往往会产生相应的差异化的竞争方式。另外，"与分包商共赢"

才是双方关系上的重要问题，也是双方合作需要保持的原则问题。所以，施工管理和技术能力不仅仅是未来竞争的一方面，另外总承包商核心竞争力中更为重要的是拥有"稳定、高效"的分包商队伍，同时也要形成与同类分包商之间的良好的竞争关系，这样才有可能获得较为低价的分包商资源，才能以具有竞争力的价格获得市场份额。

# 第七章　投资的财务管理

## 第一节　投资概述

很多人手头上可能都有一笔钱，大多数人的选择是把它存入银行，或添置家具物什，即使投资，也往往把钱投入低风险、低回报的项目中，以求得"升值保险"，但从来也未曾听说过有单靠银行存款致富的人。将所有的积蓄都存入银行的人，到了年老时不但无法致富，常常连预计的水平都无法达到，只好终年守着清淡如水的苦日子。而有一部分人善于投资，使钱成为生钱的种子，日积月累。这样的人才能真正成为财富的拥有者。企业也如此，要想财源滚滚，就要想方设法投资。

建筑施工企业除了通过自身的承包工程项目获得经营收入以外，还可以通过投资获得收益。投资作为获得经济利益的方式之一，必然为很多建筑施工企业所采用。因为投资涉及建筑施工企业的生存和发展，而且也具有一定的复杂性，需要企业在会计上加强核算和管理。当然，建筑施工企业的投资，与一般企业并无太大的差别。

新会计准则将投资做了重新命名和划分。新旧会计准则相比，在具体业务方面，投资部分的差异是最大的，很多内容完全不同，所以新的会计教科书和专业书籍关于投资部分的表述最引人关注。在这里，本书并不是盲目、机械地以新换旧，而是尽可能将新旧内容有机衔接起来，以帮助读者前后贯通。其实，过去关于投资的表述虽然现在不再沿用，但很多表述在一般意义上仍是可以使用的，和新会计准则的原则也不矛盾，特别是在专业理论学习和研究方面对我们仍然很有帮助。

### 一、投资的概念

我国原《企业会计准则——投资》对投资的定义："企业为通过分配来增加财富，或为谋求其他利益，而将资产让渡给其他单位所获得的另一项资产。"本书认为，这个定义在新会计准则体系下仍是没有错的。投资的例子很多，如以现金购买债券、以固定资产向其他单位投资以取得其他单位的股权等，即企业将所拥有的现金或其他资产让渡给其他单位使用，以换取债权投资或股权投资。投资本身也是资产，这项资产与其他资产一样，能为投资企业带来未来的经济利益。这种经济利益是指能直接或间接地增加流入企业的现金或现金等价物的能力。投资是企业将部分资产转给其他单位使用，通过其他单位使用这些投入的资产创造效益，而后再通过分配形式得到利益，这种获利方式属间接性质。投资按新会计准则表述为金融资产或长期股权投资。

## 二、投资的分类

从一般意义上说，投资分类主要有以下方面。按照投资性质分类，可以分为权益性投资、债权性投资、混合性投资等；按照投资对象的变现能力分类，可以分为易于变现和不宜于变现两类；按照投资目的分类，可以分为短期投资和长期投资两类。所以，我国原会计准则将投资划为短期投资、长期股权投资、长期债权投资三类。

而按新《企业会计准则》的规定，投资不再按长短期进行分类。在新《企业会计准则》体系中，投资表述为金融工具和长期股权投资两大类，其中金融工具还可分为基本金融工具和衍生金融工具。在基本金融工具中，又包含了金融资产、金融负债和权益工具。这样的重新组合和表述，改变了原来的投资分类形式，但基本的对应关系还是存在的。总的来说，投资可分为，以公允价值计量且其变动计入当期损益的金融资产（交易性金融资产）、可供出售金融资产、持有至到期投资和长期股权投资四类。

对投资进行适当分类，是对投资进行会计确认、计量和报告的前提，投资类别不同，其投资的会计确认、计量和报告也不完全相同。

# 第二节　投资类型中的风险差异

投资是企业持续发展的永恒主题。因为没有投入就没有产出，从某种意义上说，资本经营就是资本经营主体把资本转变为资本要素，并用于建设，形成资产的过程。企业对资产投资的选择，实际上也就是对资本投资回报的选择。

投资决策是资本运用结算的一个重要环节，其决策正确与否直接关系到资本经营的成果。

台湾塑胶大王王永庆，1932年从200元本钱的米店起家，一直到今天成为最富有的华人之一，其间几经波折。1946年，而立之年的王永庆已经有5 000万元的资本了。如果此时王永庆满足于小富，就没有如今的塑胶大王了。1954年，王永庆果断出击塑胶行业，成立台湾塑胶股份有限公司。经历了从产品一年完全没有销量到占领亚洲市场，从两次石油危机时几乎破产到挥师东进，在美国投资设厂，生产原材料并收购美国原材料生产公司，占领美国市场，把台湾塑胶推向世界。王永庆通过投资台湾塑胶为主，兼顾投资木材、人造纤维等行业的方式，创造了台湾塑胶帝国，成为台湾企业界的骄傲。

与王永庆的巨大成功相反，大型连锁零售商八佰伴总裁和田一夫由于在房地产上的错误投资，将八佰伴推向绝境。在1990年日本股票与房地产暴涨之前，八佰伴在全球所设的分公司都坚持以百货经营为主的资本经营战略。可随着股市和房地产市场的畸形繁荣，八佰伴也开始涉足房地产领域。和田一夫发现房地产投资的平均回报率远远高于百货业的利润率，开始大举进军房地产市场。在台北市郊和上海浦东，八佰伴的房地产投资疯狂扩张。建立在高负债经营基础上的过度扩张，加之处在亚洲泡沫经济的破裂和东南亚金融危机的大环境中，和田一夫终于不堪重负，八佰伴走上了破产之路。

王永庆投资台湾塑胶的成功与和田一夫投资房地产的失败形成了鲜明对比。良好的投资可以促使企业不断发展壮大，走向辉煌；相反，不切实际的投资却可能葬送一个企业。

投资决策首先要根据企业的发展战略，寻找投资机会，确定投资方向以及确定各种投资方式的结构。

按照不同的标准，企业的投资可以进行以下分类。

## 一、按投资时间长短可分为长期投资和短期投资

此种分类一般情况下是以一年或者是一个营业周期为界限。

### （一）长期投资

长期投资指在一年或者一个营业周期以上才能收回的投资，主要是对厂房、设备以及无形资产的投资，也包括一部分在长期占用的流动资产上的投资和时间在一年以上的证券的投资。由于在长期投资中固定资产投资所占比重最大，因此，有时称长期投资为固定资产投资。

固定资产的投资是为扩大企业生产经营能力进行的。与短期投资相比，长期投资的特点有以下方面。

①投资所需的金额大。长期投资对企业的财务状况、资金结构会产生极大的影响。

②回收时间长。长期投资项目的回收期在一年以上，而且一些大项目需要十几年甚至几十年才能收回投资。

③变现能力差。长期投资决策一旦实施，如果企业要改变投资方向，收回投资，那是相当困难的。

④发生次数少。企业固定资产的投资次数一般不多，尤其是投资额在几百万元以上的项目，不是每年都发生的。

⑤风险大。由于长期投资回收期长，投资者对项目实施过程中可能发生的意外，以及投资后的收益等是很难预测准确的。

### （二）短期投资

短期投资指可以在一年或一个营业周期以内收回的投资，主要包括现金、有价证券、应收账款、存货等流动资产。短期投资亦称为流动资产投资。

流动资产投资与长期投资相比，其特点有以下方面。

①需要资金数量小，不会对企业的财力及财务状况造成大的影响。

②回收时间短，通常可以在一年内通过销售收回。

③变现能力强，如果企业在短期内急需资金，可以通过转让、贴现、变卖等手段将投资在有价证券、应收票据、存货等方面的资金变为现金，以解除企业的财务危机。

④投资发生次数频繁，企业通常在一个月内就发生数次。

⑤短期投资波动较大，短期投资会随企业经营情况的变化而变化，投资金额时高时低。

⑥风险较小，短期投资一般在一年内即可收回。

⑦人们对短期投资收益预测的准确程度远远高于对长期投资收益预测的准确程度。

## 二、按投资的性质可分为生产性资产投资和金融性资产投资

### （一）生产性资产投资

生产性资产投资包括以下几种。

①与企业创建有关的原始性投资，如建造厂房，购置机器设备、原材料等。

②与维持企业现有经营有关的重置性投资，如更新已经老化或损坏设备而进行的投资。

③与降低企业成本有关的重置性投资，如购置高效率的设备替代低效率的设备而进行的投资。

④与现有产品和市场有关的追加性投资，以及为增加产量、扩大销售量所进行的投资。

⑤与新产品和新市场有关的扩充性投资，如为新产品、新生产线、开拓新市场进行的投资。

### （二）金融性资产投资

金融性资产投资即证券投资，包括对政府证券、企业证券、股票、金融债券的投资，以及对期货、保险等其他票据的投资。

## 三、按对未来的影响程度可分为战略性投资和战术性投资

### （一）战略性投资

战略性投资指对企业全局及未来有重大影响的投资，如对新产品投资、转产投资、建立分公司等。这种投资往往要求投资数量大、回收时间长、风险程度高，因此，要求从方案的提出、分析、决策到实施都要按严格的程序进行。

### （二）战术性投资

战术性投资指不影响企业全局和前提的投资，如更新设备、改善工作环境，提高生产效率等的投资。这种投资额一般投资量不大、风险较低、见效较快，而且发生次数比较频繁，因此一般由企业的部门经理经过研究分析后提出，经过批准即可实施。

## 四、按投资的风险程度可分为确定性投资和风险性投资

### （一）确定性投资

确定性投资是指风险小、未来收益可以预测得比较准确的投资。在进行这种投资决策时，可以基本不考虑风险问题。

### （二）风险性投资

风险性投资是指风险较大，未来收益难以准确预测的投资。大多数战略性投资属于风险性投资，在进行决策时，应考虑到投资的风险问题，采用科学的分析方法，以做出正确的投资决策。

# 第三节　投资决策的现金流量分析与评价方法

现代企业的投资决策工作，绝不是随便拍拍脑袋就能做出决定的。投资决策是一项科学性、技术性和专业性很强的工作，不是所有人都能胜任此项工作。更何况投资决策的正确与否还取决于决策者（或决策集团）的经验、阅历、管理技能和管理水平等诸多因素。

投资决策对于投资部经理来说，是其管理工作中一项难度较大的工作。这项工作完成的好坏，不仅表现在能否为决策者（或决策集团）提供出正确的、可供采纳的决策依据，还体现出企业是否具备了现代管理水平。

## 一、投资决策的现金流量分析

从发生的方向来看，投资决策的现金流量主要包括两部分。

### （一）现金流出量

一个投资决策的现金流出量就是指该决策所引起的企业现金支出的增加量，一般包括以下几项。

①固定资产上的投资。主要包括固定资产的购入或建造成本、运输成本和安装成本等。

②流动资产上的投资。就是投资决策或项目投产后相应增加的对原材料、在产品、产成品和现金等流动资产的投资。

③其他投资费用。就是与投资决策相关的职工培训费、谈判费、注册费用等。

④投资某项目时被利用的现有资产的机会成本。就是出售现有资产的所得的变价收入或转作其他投资时可获得的收益。

## （二）现金流入量

一个投资决策的现金流入量就是指该决策所引起的企业现金收入的增加量，一般包括以下几项。

①营业现金净流量。就是投资决策或项目投入使用后，在其寿命周期内，因生产经营所带来的现金净流入量，是销售收入扣除有关的付现成本增量及税金后的余额。其中付现成本是除折旧外的必须用现金支付的销售成本，包括产品生产成本和销售管理费用等。用公式表示如下。

营业现金净流量（NCF）= 销售收入 - 付现成本 - 所得税 = 税后净利润 + 折旧

②投资决策或项目终结时的现金流入量。就是指投资决策或项目终结时所发生的现金收入，包括固定资产报废时的残值收入或出售的变价收入、收回原有垫支的各种流动资产及停止使用土地的变价收入等。

在估算出投资决策的现金流入量和现金流出量后，可进一步核算投资的现金净流量，核算公式如下。

现金净流量 = 现金流入量 - 现金流出量

## （三）现金流量的估算方法

投资决策的现金流量估算步骤如下。

①按投资决策的各项预计数，如投资额、销售收入、付现成本及有关税金等，核算各年度的现金净流量。

②将各年度的现金净流量按时间排序，并假定方案的现金流入与流出均发生在各年年末。

③编制现金流量表。

# 二、投资决策的评价方法

## （一）静态分析法

静态分析法又叫非贴现的现金流量法，其特点是没有考虑资金的时间价值，核算较为简便。这是一类粗略的投资决策评价方法，主要包括以下两方面。

### 1. 投资回收期法

投资回收期法是按收回全部投资所需的时间来评价投资决策是否可行的方法。

### 2. 投资报酬率法

投资报酬率法是按决策的投资报酬率的高低来进行投资决策评价的一种方法。

投资报酬率就是指某项投资同投资所能提供的现金净收入或净利润的比率，它表现为投资的获利水平。

投资报酬率是反映投资获利性的一个相对指标，在一定的投资总额情况下，投资报酬率越高（相对于企业期望的投资报酬率或基准投资报酬率），表明投资的风险越小、经济效益越好。

## （二）动态分析法

动态分析法又叫贴现的现金流量法，其特点是考虑了资金的时间价值，核算较为复杂，但结果更为科学、合理。这是企业投资决策的主要评价方法。

### 1. 净现值法

净现值法是利用净现值指标来评价投资决策优劣的一种经济评价方法。

净现值就是指投资决策投入使用后的净现金流量，根据期望的投资报酬率或资本成本贴现成现值，然后减去投资现值总额后的余额，即投资决策未来报酬的总现值同投资额现值的差额。其核算公式如下。

净现值 = 未来报酬总现值 - 投资额的现值

若核算所得的净现值为正数，则表明投资的实际报酬率高于期望的投资报酬率或资本成本，投资决策可行；反之，若核算所得的净现值为负数，则表明投资的实际报酬率低于期望的投资报酬率或资本成本，投资决策不可行；若是相同投资的多项决策相比较，则净现值值越大，投资效益越好。

### 2. 获利指数法

获利指数法又叫现值指数法，它是在净现值法的基础上发展起来的，按投资决策的获利指数来进行投资决策评价的一种方法。

获利指数就是指投资决策未来报酬的总现值与投资额的现值之比，它是反映单位投资可获收益现值水平的一个相对指标。

若核算所得的获利指数大于1，则表明投资决策的实施除能收回投资外，还能获利，投资决策可行；反之，若核算所得的获利指数小于1，表明投资决策的实施不仅不能获利，而且连成本也收不回来，投资决策不可行；若是多项互斥投资决策的比较选择，则获利指数值越大，投资效益就越好。

# 第四节　交易性金融资产与可供出售金融资产

## 一、交易性金融资产

### （一）交易性金融资产的概念及特点

交易性金融资产，是指企业为了近期出售而持有的金融资产。这种金融资产一般表现为原来的短期投资，即在公开市场上购入的有价证券，包括股票、债券和基金，并且以短期投机获利为基本目的。

这种金融资产的特点有以下几点。

①很容易变现。短期投资是现金的暂时存放形式，其流动性仅次于现金，具有很强的变现能力。当企业现金暂时剩余时，选择流动性最强的证券进行投资是最好的理财方法，待企业现金不足支付时，可以立即兑换成现金。

②持有时间较短。这种投资通常不是为了长期持有，而是为了短期持有，计划在短期内出售以兑换成现金的。当然，这里的"短期内出售"并不代表必须在一年内出售，短期投资的定义虽然是将其持有时间定为不超过一年的投资，这是划分短期和长期投资的一般标准，而交易性金融资产并没有这样的规定。交易性金融资产只强调为近期内出售而持有，这就意味着时间很短，但短到什么程度，没有具体时间限制。

③不以控制被投资单位等为目的。短期投资通常是不以控制被投资单位为目的的，或对被投资单位施加重大影响，或为改善贸易关系等所做的投资。如果企业是为控制被投资单位或对被投资单位施加重大影响或为改善贸易关系等所做的投资，通常不会在近期内出售。如果出售则不可能再对被投资单位实施控制或施加重大影响。交易性金融资产正好具有这个特点。

交易性金融资产一般还符合两个条件。

第一，能够在公开市场上交易并且有明确市价（公允价值可以可靠计量）。例如，各种上市的股票和债券等。

第二，持有该资产作为剩余资金的存放形式，准备近期出售，保持很好的流动性和获利性，这一条件取决于管理当局的意图。所以，交易性金融资产除了表现为流动性很强的股票和债券以外，更重要的是取决于管理层对其的确定。一旦确定为交易性金融资产，从初始计量到后续计量，方法都不同于其他投资。

## （二）交易性金融资产的初始计量

所谓初始计量是指取得时的入账价值，即取得成本。交易性金融资产取得成本是该项资产取得时的公允价值，为取得该项资产而发生的交易税费不包括在其中，交易税费应该计入当期损益。这和原来的规定有很大区别。

我国原来的投资准则规定，短期投资取得时的投资成本，是企业为取得短期投资时实际支付的全部价款，包括税金、手续费等相关费用，但不包括在取得一项短期投资时，实际支付的价款中包含的已宣告而尚未领取的现金股利和已到期而尚未领取的债券利息。这是因为短期投资取得时实际支付的价款中包含的已宣告尚未领取的现金股利，或已到期尚未领取的债券的利息，都属于在购买时暂时垫付的资金，是在投资时所取得的一项债权，因此，在实际收到时冲减已记录的应收股利或应收利息，不确认为投资收益。

交易性金融资产关于在取得时已宣告但尚未领取的利息或股利的处理和原短期投资的处理相同。

例如，某建筑施工企业 2000 年 5 月 15 日以银行存款购入某公司已宣告但尚未分派现金股利的股票（股票 D）25 000 股，每股成交价 8.7 元，其中，0.2 元（不含税，有关纳税的会计处理略，下同）为已宣告但尚未分派的现金股利，股权截止日为 5 月 20 日，另支付相关税费 1 100 元。该建筑施工企业于 6 月 26 日收到该公司发放的现金股利，按新准则的规定，会计处理计算如下。

成交价 =25 000 × 8.7=217 500 元

税费 =1 100 元

已宣告现金股利 =25 000 × 0.2=5 000 元

初始计量 = 公允价值 =217 500-5 000=212 500 元

## （三）交易性金融资产的后续计量

### 1. 持有期间收益的确认

交易性金融资产在持有期间可能产生收益，如股票分红和债券利息等。原来的投资准则规定，短期投资持有期间所获得的现金股利或利息，作为投资成本的收回，冲减投资的账面价值。新准则规定，交易性金融资产在持有期间取得的收益，不冲减交易性金融资产的成本，而作为投资收益予以确认。这是一个很大的变化。

例如，2000 年 6 月 20 日，股票 A 所在的上市公司宣布分配红利 0.1 元 / 股，股权登记日为 6 月 30 日。

根据原《企业会计准则》规定，1 000 元红利冲减短期投资。

借：应收股利——A 股票 1 000

贷：短期投资——A 股票 1 000

按新《企业会计准则》规定，1 000 元作为投资收益处理，而不冲减交易性金融资产。

借：应收股利——A 股票 1 000

贷：投资收益——A 股票 1 000

### 2. 交易性金融资产的期末计价

按原《企业会计准则》规定，短期投资期末计价是按成本与市价孰低方法处理，即将短期投资的账面成本与期末市价进行比较，以价低者为期末计价，在期末资产负债表中予以反映。并且在市价低于成本价的情况下，要计提短期投资跌价准备，计提的方法可以是单个法、类别法和综合法。

按新《企业会计准则》规定，交易性金融资产在资产负债表日，以该资产的期末公允价值作为期末计价，公允价值与原账面成本的差额作为当期损益处理。

例如，2000 年 12 月 31 日，A、B、C、D 股票的市价（公允价值）分别为 7 元、6.5 元、60 元、9 元。

按原《企业会计准则》处理如下（假定按单个法计提）。

借：投资收益——计提短期投资跌价准备 8 200

贷：短期投资跌价准备——A 股票 8 200

其他股票因为都是成本价低于市价，所以均不做处理，资产负债表反映的资产价值是原成本价减去 8 200 元的余额。

按新《企业会计准则》处理如下。

借：交易性金融资产——B 股票 6 750

　　　　　　　　　——C 股票 4 800

　　　　　　　　　——D 股票 12 500

贷：交易性金融资产——A 股票 2 800

　　公允价值变动损益——交易性金融资产 21 250

### （四）交易性金融资产的处置

交易性金融资产的处置相对原来短期投资的处置简单一些，这是因为短期投资的处置要考虑到原来已计提的跌价准备问题，而交易性金融资产的处置，只要考虑其处置时的账面成本和处置时的公允价值以及收益因素即可。

## 二、可供出售金融资产的会计处理

可供出售金融资产是从新会计准则中划分出来的，是对应原来短期投资的又一类金融资产。这一类金融资产和交易性金融资产有类似之处，又有不同之处。

从定义上说，可供出售金融资产就是指初始确认时即被指定为"可供出售"的非衍生金融资产，以及除下列三类资产以外的金融资产。

第一，贷款和应收款项。

第二，持有至到期投资。这里的"持有至到期投资"也是新的概念，实际上就是购买债券且必须持有至债券最后期限的投资，相当于原长期债权投资但又不完全等同于长期债权投资。

第三，以公允价值计量且其变动计入当期损益的金融资产。这里的"以公允价值计量且其变动计入当期损益的金融资产"也是人为的金融资产类别认定，将会计上采用此种处理方法的金融资产认定为单独的一类。一般来说，从上述的会计处理来看，交易性金融资产就是属于这一类。

除了上述的三类金融资产以外，剩下的就是可供出售金融资产。这样理解过于抽象，把握比较困难，还可以从定义的正面理解，"可供出售"意味着不是"持有至到期"，而是可以中途交易，并且又不是"交易性金融资产"，这样就把这一类的金融资产的概念圈定出来了，即可以交易的股票、债券、基金等，但又在会计处理上与交易性金融资产有所不同。

### （一）可供出售金融资产的初始计量

新《企业会计准则》规定，企业初始确认金融资产或金融负债，应当以公允价值计量，对于以公允价值计量且其变动计入当期损益的金融资产或金融负债，相关交易费用直接计入当期损益；对于其他类别的金融资产或金融负债，相关交易费用应当计入初始确认金额。

此外，相关交易费用不包括债券溢价、折价、融资费用、内部管理成本及其他与交易不直接相关的费用，如购买股票时已经宣告但尚未发放的红利，既不属于相关费用，也不属于股票公允价值范围，而是属于既定的债权，所以要扣除。

这样，就得到了可供出售金融资产初始计量的核算公式。

可供出售金融资产初始计量 = 公允价值 + 相关交易费用

= 交易价格 - 宣告但未发放的红利或利息 + 相关交易费用

### （二）可供出售金融资产的后续计量

可供出售金融资产在持有期间的获利，应当作为投资收益处理，而其在资产负债表日的计量问题上则显得比较复杂。一方面，在这个时点，它要以公允价值计量；另一方面公允价值和原账面价值的差额并不计入当期损益，而是作为所有者权益来处理。很多人都认为问题到此已得到解决，其实不然，如果可供出售金融资产价值预计持续下跌，那么，其公允价值引起的变动要确认为当期损益，这是非常特殊的地方。

### （三）可供出售金融资产会计处理举例

例1：某建筑施工企业于2007年7月15日从公开市场购入股票10万股，每股市价15元，手续费3 000元，该股票被确认为可供出售金融资产。该股票2007年12月31日的公允价值为每股16元。2008年1月16日，该建筑施工企业将该股票出售，售价每股14元，另支付手续费1 400元。假定不考虑其他因素，该建筑施工企业的会计处理如下。

2007年7月15日购入股票时，做如下分录。

借：可供出售金融资产——成本 1 503 000

贷：银行存款 1 503 000

2007年12月31日因公允价值变动调整时，做如下分录。

借：可供出售金融资产——公允价值变动 97 000

贷：资本公积 97 000

2008年1月16日售出股票时，做如下分录。

借：银行存款 1 398 600

其他综合收益 7 400

资本公积 97 000

投资收益 104 400

  贷：可供出售金融资产——成本 1 503 000

         ——公允价值变动 97 000

  例2：2007 年 1 月 1 日某建筑施工企业以 1 028 万元购入某公司发行的 3 年期债券，该买入债券的面值为 1 000 万元，票面利率为 5%，实际利率为 3%。利息每年末支付，本金到期支付。该建筑施工企业将此债券确定为可供出售金融资产。2007 年 12 月 31 日，该债券的市价为 1 018 万元。

  2007 年 1 月 1 日购入债券时，做如下分录。

  借：可供出售金融资产——成本 10 000 000

         ——利息调整 280 000

  贷：银行存款 10 280 000

  2007 年 12 月 31 日收到债券利息时，做如下分录。

  借：应收利息 500 000

  贷：可供出售金融资产 191 600

    投资收益 308 400

  借：银行存款 500 000

  贷：应收利息 500 000

  经过上述会计处理以后，该债券的年末摊余成本为 1 008.84 万元（1 028+30.84-50），此时公允价值为 1 018 万元，所以做如下分录调整。

  借：可供出售金融资产——公允价值变动 91 600

  贷：资本公积 91 600

  经过这一笔分录后，年末该债券的账面价值等于 12 月 31 日这一天的公允价值 1 018 万元。

# 第五节  持有至到期投资

## 一、持有至到期投资的概述

  持有至到期投资也是新《企业会计准则》给出的一个新概念，它是指到期日固定、可收回金额固定或可确定，而且企业有明确意图和能力持有至到期的非衍生金融资产。

### （一）对持有至到期的概念解释

#### 1. 到期日固定、可收回金额固定或可确定

  所谓到期日固定、可收回金额固定或可确定是指相关合同明确了投资者在确定的期间

内获得或应收取现金流量（如投资利息和本金等）的金额和时间。

从投资者角度看，如果不考虑其他因素，在将某项投资划分为持有至到期投资时可以不考虑可能存在的发行方重大支付风险。

由于要求到期日固定，所以权益工具投资不可能划分为此类投资。

### 2.企业有明确意图持有至到期

有明确意图持有至到期是指投资者在取得投资时意图就是明确的，除非遇有特殊情况，一般都会持有至到期。

存在下列情况之一的，表明企业没有明确意图将投资的金融资产持有至到期。

第一，持有该金融资产的期限不确定。

第二，当出现市场利率变化、流动性需要变化、替代投资机会及其投资收益率变化、融资来源和条件变化、外汇风险变化等情况时，将出售该金融资产。但是，无法控制、预期不会重复发生且难以合理预计的独立事项引起的金融资产出售除外。

第三，该金融资产的发行方可以按照明显低于其摊余成本的金额清偿。

第四，其他表明企业没有明确意图将该金融资产持有至到期的情况。

### 3.企业有能力持有至到期

有能力持有至到期，是指企业有足够的财力资源，并不受外部因素影响，可以将投资持有至到期。

存在下列情况之一的，表明企业没有能力将具有固定期限的金融资产投资持有至到期。

第一，没有可利用的财务资源持续地为该金融资产投资提供资金支持，以使该金融资产投资持有至到期。

第二，受法律、行政法规的限制，企业难以将该金融资产投资持有至到期。

第三，其他表明企业没有能力将具有固定期限的金融资产投资持有至到期的情况。

## （二）持有至到期投资重分类

企业应当于每个资产负债表日对持有至到期投资的意图和能力进行评价，发生变化的，应当将持有至到期投资重分类为可供出售金融资产。

企业将持有至到期投资在到期前处置或重分类，通常表明其违背了将投资持有至到期的最初意图。如果处置或重分类为其他金融资产的金额相对于该类投资在出售或重分类前的金额较大，则企业应在处置或重分类后立即将其剩余的持有至到期投资重分类为可供出售金融资产。但是，遇到下列情况除外。

第一，出售日或重分类日距该项投资到期或赎回日较近，且市场利率变化对该项投资的公允价值没有显著影响。

第二，根据合同约定的支付方式，企业已收回几乎所有初始本金。

第三，出售或重分类是由于企业无法控制、预期不会重复发生且难以合理预计的独立事件所引起的。

此种情况主要包括以下几点。

①因被投资单位信用状况严重恶化，企业将持有至到期投资予以出售。

②因相关税收法规取消了持有至到期投资的利息税前可抵扣政策，或显著减少了税前可抵扣金额，企业将持有至到期投资出售。

③因发生重大企业合并或重大处置事件，为保持现行利率风险头寸或维持现行信用风险政策，企业将持有至到期投资出售。

④因法律、行政法规对允许投资的范围或特定投资品种的投资限制做出重大调整，企业将持有至到期投资出售。

⑤因监管部门要求大幅度提高资产流动性，或大幅度提高持有至到期投资在核算资本充足率时的风险权重，企业将持有至到期投资出售。

根据上面的表述可以看出，持有至到期投资是有"特定含义"的债权投资，这个"特定含义"就是"持有至到期"，相当于旧会计准则体系下的长期债权投资的一部分。当然，持有至到期投资和原来长期债权投资的会计处理有很大的区别。

## 二、持有至到期投资的初始计量

持有至到期投资在确认的情况下，要进行初始计量。确认的条件是"企业成为金融工具的合同一方"，表现在持有至到期投资上面，就是企业购买并取得了该项投资。

《企业会计准则第22号——金融工具的确认和计量》规定：企业初始确认金融资产或金融负债，应当按照公允价值计量。对于以公允价值计量且其变动计入当期损益的金融资产或金融负债，相关交易费用应当直接计入当期损益；对于其他类别的金融资产或金融负债，相关交易费用应当计入初始确认金额。

其中，公允价值通常以市场交易价格为基础确定。交易费用，是指可直接归属于购买、发行或处置金融工具新增的外部费用，包括支付给代理机构、咨询公司、券商等的手续费和佣金及其他必要支出，不包括债券溢价、折价、融资费用，内部管理成本及其他与交易不直接相关的费用。交易费用构成实际利息的组成部分。企业取得金融资产所支付的价款中包含的已宣告但尚未发放的债券利息，应当单独确认为应收利息。

持有至到期投资的初始计量比较简单，与可供出售金融资产的初始计量相同，与交易性金融资产的初始计量也只存在一点区别，那就是交易费用的处理。交易性金融资产将交易费用作为当期损益处理，持有至到期投资将交易费用作为投资成本处理。

## 三、持有至到期投资的后续计量

持有至到期投资的后续计量采用实际利率法，按摊余成本计量。

实际利率法，是指按照金融资产或金融负债的实际利率核算其摊余成本及各期利息收入或利息费用的方法。

实际利率，是指将金融资产或金融负债在预期存续期间或适用的更短期间内的未来现金流量，折现为该金融资产或负债当前账面价值所使用的利率。

摊余成本，是指金融资产或金融负债的初始确认金额经过下列调整后的金额。

初始确认金额已偿还的本金＋按实际利率核算的累计摊销额－发生的减值损失

这里需要说明的是，如果有客观证据表明，以实际利率和名义利率核算的各期利息收入和利息费用的差距很小，那么，也可以采用名义利率摊余成本进行后续计量。

## 四、持有至到期投资的资产减值

企业应当在资产负债表日对持有至到期投资的账面价值进行检查，如果有客观证据表明发生减值损失的，要按照《企业会计准则第 22 号——金融工具的确认和计量》的规定计提减值准备，确认减值损失。计提减值准备的金额是预计未来现金流量现值与持有至到期投资期末摊余成本之间的差额。

# 第六节　长期股权投资与可转换公司债券

## 一、长期股权投资

### （一）长期股权投资的概念及特点

长期股权投资是指企业为了获得收益或资本增值向被投资单位投放资金或让渡资产而取得被投资单位权益的投资。投资企业成为被投资单位的股东，按其所持股份比例享有权益并承担责任。

长期股权投资的特点有以下几点。

#### 1. 长期持有

长期股权投资目的是长期持有被投资单位的股份，成为被投资单位的股东，并通过其所持有的股份，对被投资单位实施控制或施加重大影响，或为了改善和巩固贸易关系，或持有不易变现的长期股权投资等。

#### 2. 获取经济利益，并承担相应的风险

长期股权投资的最终目标是获得较大的经济利益，这种经济利益可以分得利润或获取股利，也可以通过其他方式取得。如被投资单位生产的产品为投资企业生产所需的原材料，在市场上这种原材料的价格波动较大，且不能保证供应。在这种情况下，投资企业通过所持股份，达到控制或对被投资单位施加重大影响，使其生产所需的原材料能够直接从被投

资单位取得，而且价格比较稳定，保证其生产经营的顺利进行。但是，如果被投资单位经营状况不佳，或者在进行破产清算等情况下，投资企业作为股东，也需要承担相应的投资损失。

### 3. 除股票投资外，通常不能随时出售

投资方一旦成为被投资单位的股东，依其所持股份份额享有股东的权利并承担相应的义务，一般情况下不能随意抽回投资。

### 4. 相对于长期债券投资而言，投资风险较大

在证券市场上，企业以货币资金购买其他企业的股票，以成为被投资单位的股东。

投资企业或以资产（包括货币资金、无形资产和其他实物资产）投资于其他企业，从而成为被投资企业的股东。按照我国《公司法》规定，公司向其他有限责任公司、股份有限公司投资的，除国务院规定的投资公司和控股公司外，所累计投资额不得超过本公司净资产的50%，在投资后，接受被投资公司以利润转增的资本，其增加额不包括在内。公司制企业应当严格按照《公司法》的规定，一般情况下所累计投资额不得超过公司净资产的50%。

## （二）长期股权投资的类型

长期股权投资依据其对被投资单位产生的影响，分为以下四种类型。

### 1. 控制

控制，是指有权决定一个企业的财务和经营政策，并能据以从该企业的经营活动中获取利益。

投资准则所指的控制包括两方面：一方面是投资企业直接拥有被投资单位50%以上的表决权资本；另一方面是投资企业虽然直接拥有被投资单位50%或以下的表决权资本，但具有实质控制权。

投资企业对被投资单位是否具有实质控制权，可以通过以下一项或若干项情况判定。

①通过与其他投资者的协议，投资企业拥有被投资单位50%以上表决权资本的控制权。

②根据章程或协议，投资企业有权控制被投资单位的财务和经营政策。

③投资企业有权任免被投资单位董事会等类似权力机构的多数成员。

④投资企业在董事会或类似权力机构会议上有半数以上投票权。

### 2. 共同控制

共同控制，是指按合同约定对某项经济活动所共有的控制。投资准则所指的共同控制，仅指共同控制实体，不包括共同控制经营、共同控制财产等。共同控制实体，是指由两个或多个企业共同投资建立的实体，该被投资单位的财务和经营政策必须由双方或若干方共同决定。

### 3.重大影响

重大影响，是指投资企业对被投资单位的财务和经营政策有参与决策的权力，但并不决定这些政策。当投资企业直接拥有被投资单位 20% 至 50% 的表决权资本时，一般认为对被投资单位具有重大影响。此外，虽然投资企业直接拥有被投资单位 20% 以下的表决权资本，但符合下列情况之一的，也应确认为对被投资单位具有重大影响。

①在被投资单位的董事会或类似的权力机构中派有代表。

②参与被投资单位的政策制定过程。

③向被投资单位派出管理人员。

④被投资单位依赖投资企业的技术资料。

⑤其他能足以证明投资企业对被投资单位具有重大影响的情形。

### 4.无控制、无共同控制且无重大影响

无控制、无共同控制且无重大影响，是指除上述三种类型以外的情况，而且是在活跃市场中没有报价、公允价值不能可靠计量的长期股权投资。具体表现为以下两方面。

一方面，投资企业直接拥有被投资单位 20% 以下的表决权资本，同时不存在其他实施重大影响的途径。

另一方面，投资企业直接拥有被投资单位 20% 或以上的表决权资本，但实质上对被投资单位不具有控制、共同控制和重大影响。

## （三）长期股权投资的初始计量

长期股权投资的初始计量就是其初始成本的确定。长期股权投资初始成本的确定和长期股权投资取得的方式有密切关系，不同的取得方式，决定了不同的初始成本确定方法。新会计准则规定，长期股权投资初始成本的取得按非企业合并和企业合并两大类分别处理。下面，按照不同的取得方式分别介绍它们的初始成本。

### 1.非企业合并方式取得的长期股权投资的初始成本

支付现金取得的长期股权投资，以支付的全部价款作为投资成本，包括到付的税金、手续费等相关费用。企业取得的长期股权投资，如果实际支付的价款中包含已宣告发放而尚未领取的现金股利，应作为应收项目单独核算，而不作为长期股权投资的初始成本。

以发行权益性证券方式取得的长期股权投资，其初始成本为发行权益性证券的公允价值，但不包括投资单位已宣告但尚未发放的股利或利润。为发行权益性证券所支付的手续费、佣金等直接相关费用，应冲减权益性证券的溢价收入，溢价收入不足冲减的，应冲减盈余公积和未分配利润。

作为投资者投入的长期股权投资，其初始成本为投资合同协议规定的价值，但合同协议规定的价值不公允的除外。

非企业合并方式取得的长期股权投资还包括以债务重组方式取得的长期股权投资和以非货币性资产交换方式取得的长期股权投资。

例1：A企业支付1 500万元现金买入了B企业25%的股份，并支付了100万元的手续费等相关费用。A企业取得长期股权投资做分录如下。

借：长期股权投资 16 000 000

贷：银行存款 16 000 000

### 2. 企业合并方式取得的长期股权投资的初始成本

（1）同一控制下的企业合并

同一控制下的企业合并形成的长期股权投资分两种情况来确定初始成本。

第一种情况是，合并方以支付现金、转让非现金资产或承担债务的方式作为合并对价的，应当在合并时按照取得被合并方所有者权益账面价值的份额作为长期股权投资的初始成本。长期股权投资成本与支付的现金、转让的非现金资产以及所承担债务账面价值之间的差额，应当调整资本公积，资本公积不足冲减的，调整留存收益。

第二种情况是，合并方以发行权益性证券作为合并对价的，应当在合并日按照取得被合并方所有者权益账面价值的份额作为长期股权投资的初始成本，按照发行股份的面值作为股本。长期股权投资初始成本与发行股份面值之间的差额调整资本公积，资本公积不足冲减的，调整留存收益。

（2）非同一控制下的企业合并

非同一控制下企业合并形成的长期股权投资，在合并日按照《企业会计准则第20号——企业合并》的规定来确定其初始成本。这种合并取得的长期股权投资初始成本为合并方付出的资产、发生或承担的负债、发行的权益性证券的公允价值与为企业合并而发生的各项直接相关费用之和。

## （四）长期股权投资的后续计量

长期股权投资在持有期间，根据投资企业对被投资单位的影响程度及是否存在活跃市场、公允价值能否可靠计量等进行分类，应当分别采用成本法及权益法进行核算。

### 1. 成本法

成本法适用于上述分类中的两类：一类是"控制"的长期股权投资，一般表现为对子公司的投资；另一类是"不具有共同控制或重大影响"的长期股权投资。

为什么成本法适用于这两种长期股权投资呢？首先是因为这样与《企业会计准则第33号——合并财务报表》相协调，对子公司的投资采用成本法核算，可以使信息反映更加全面、充分；其次可以避免在子公司实际宣告发放现金股利或利润之前，母公司垫付资金发放现金股利或利润等情况；最后是考虑到与国际财务报告准则相协调。

按照成本法核算长期股权投资，在初始投资或追加投资时，按照初始投资或追加投资的成本增加长期股权投资的账面价值。被投资单位宣告分派的现金股利中，投资企业按其应享有的部分确认为当期投资收益，但投资企业确认的投资收益仅限于所获得的被投资单位在接受投资后产生的累计净利润的分配额。投资企业所获得的被投资单位宣告分派的利润或现金股利超过被投资单位在接受投资后所产生的累计净利润的部分，应冲减长期股权投资的账面价值。

采用成本法核算长期股权投资，自被投资单位获得的现金股利或利润超过被投资单位在接受投资后产生的累计净利润的部分，应冲减投资的账面价值。

一般情况下，投资企业在取得投资当年被投资单位分得的现金股利或利润应作为收回的投资成本。在以后年度，被投资单位累计分派的现金股利或利润超过投资以后至上年末止被投资单位累计实现净损益的，投资企业按照持股比例计算其应享有的部分作为收回的投资成本。

若投资后至本年末被投资单位累计分派的现金股利或利润大于投资后至上年末被投资单位累计实现的净损益，则按下列公式计算冲减初始投资成本的金额。

冲减初始投资成本的金额 =[ 投资后至本年末被投资单位分派的现金股利或利润 – 投资后至上年末被投资单位累计实现的净损益 ]× 投资企业的持股比例 – 投资企业已冲减的初始投资成本

若投资后至本年末被投资单位累计分派的现金股利或利润等于或小于投资后至上年末被投资单位累计实现的净损益，则按下列公式核算应确认的投资收益。

应确认的投资收益 = 投资企业当年获得的利润或现金股利 – 应冲减初始投资成本的金额

### 2. 权益法

权益法也适用于长期股权投资分类中的两类：对合营企业投资和联营企业投资，分 "共同控制" 和 "重大影响" 两类。

采用权益法核算，在初始投资或追加投资时，仍按照初始投资或追加投资的投资成本，增加长期股权投资的账面价值。初始投资成本小于应享有被投资单位可辨认资产公允价值份额的，应调整长期股权投资账面价值，差额计入当期损益。在持有期间，随着被投资单位所有者权益的变动相应增加或减少长期股权投资账面价值，并分别对两种情况区别处理。

被投资单位所有者权益变动是因为实现净损益引起的，则投资企业按持股比例计算应享有的份额，并按此份额增加或减少长期股权投资账面价值，同时确认当期投资损益。

被投资单位所有者权益变动是因为净损益以外因素所导致的，则投资企业按其持股比例计算应享有的份额，并按此增加或减少长期股权投资账面价值，同时调整资本公积。

被投资单位宣告分派现金股利或利润时，投资企业按其持股比例核算应分得的部分，并按此冲减长期股权投资的账面价值。

例 2：2007 年 1 月 1 日，A 企业支付 5 000 万元取得 B 企业 30% 的股权，没有其他费用发生，取得投资时 B 企业账面净资产为 14 000 万元（假定 B 企业各项可辨认资产、负债与账面价值相同）。A 企业对 B 企业取得长期股权投资后，能够对 B 企业施加重大影响，因此，采用权益法核算。

取得投资，按前面讲的方法，A 企业以全部支付的价款作为长期股权投资成本。

借：长期股权投资——投资成本 50 000 000

贷：银行存款 50 000 000

因为长期股权投资初始成本 5 000 万元大于投资企业应享有被投资单位可辨认净资产公允价值的份额 4 200 万元，所以差额不做调整。

如果 A 企业支付的全部价款为 3 500 万元，则长期股权投资的初始成本为 3 500 万元，小于其应享有被投资单位可辨认净资产公允价值的份额 4 200 万元，所以差额要做调整。

取得投资时做如下分录。

借：长期股权投资——成本调整 3 500

贷：银行存款 3 500

比较后调整时做如下分录。

借：长期股权投资——投资成本 7 000 000

贷：营业外收入 7 000 000

例 3：在例 2 中，如果 2007 年企业实现净利润 1 500 万元，则企业应确认的投资收益为 450 万元。

借：长期股权投资——损益调整 4 500 000

贷：投资收益 4 500 000

例 4：A 企业持有 B 企业 30% 的股权，能够对 B 企业施加重大影响，因而采用权益法核算长期股权投资。2007 年 12 月 31 日，该项长期股权投资的账面价值为 3 800 万元，B 企业 2008 年发生亏损 5 000 万元。假定 A 企业取得该项投资时，B 企业可辨认资产、负债的公允价值和账面价值相等，双方所采用的会计政策也相同，则 A 企业应确认的投资损失为 1 500 万元，长期股权投资的账面价值调整为 2 300 万元。

如果 B 企业 2008 年发生的亏损是 15 000 万元，A 企业按持股比例应承担的亏损是 4 500 万元，因为长期股权投资的账面价值仅为 3 800 万元，所以 A 企业只能确认长期股权投资损失 3 800 万元，超出的 700 万元部分在账外备查登记。如果 B 企业账面上有应收其他企业的款项 2 000 万元，则超出的 700 万元部分可以冲减应收款项，于是做分录如下。

借：投资收益 45 000 000

贷：长期股权投资——损益调整 3 800

长期应收款——B 企业 7 000 000

**3.成本法转换为权益法**

第一，成本法转换为权益法主要有两种情况。

①对被投资单位不具有控制、共同控制或重大影响或在活跃市场中没有报价、公允价值不能可靠计量的长期股权投资，因追加投资导致持股比例上升，致使原长期股权投资变为"共同控制"或"重大影响"类投资，此时应将成本法转换为权益法。

在这种情况下，原长期股权投资账面价值与按照原持股比例核算确定应享有原取得投资时被投资单位可辨认净资产公允价值份额之间的差额，属于通过投资作价体现的商誉部分，不调整长期股权投资的账面价值；属于原取得投资时投资成本小于应享有被投资单位可辨认净资产公允价值份额的差额，调整长期股权投资的账面价值和留存收益。而新取得的股权部分，应比较新增投资的成本与取得相应享有被投资单位可辨认净资产公允价值的份额，前者大的，不做调整；前者小的，应增加长期股权投资成本，同时计入当期损益（营业外收入）。

原取得投资和新取得投资交易日之间被投资单位可辨认净资产公允价值的变动相对于原持股比例的部分，若属于被投资单位在此期间实现的净损益中投资企业应享有的份额的，投资企业调整长期股权投资的账面价值和留存收益；若属于其他原因导致的，投资企业调整长期股权投资账面价值和资本公积。

②因处置投资导致持股比例下降，使得原"控制"类投资变为"共同控制"或"重大影响"类投资。类别改变后，核算方法应由成本法转换为权益法。

此时，应首先按处置或收回投资的比例结转应终止确认的长期股权投资成本，然后再比较剩余的长期股权投资成本与按照剩余持股比例核算原投资时应享有的被投资单位可辨认净资产公允价值的份额。属于投资作价中体现的商誉部分，不调整长期股权投资的账面价值；属于投资成本小于原投资时应享有被投资单位可辨认净资产公允价值份额的，调整长期股权投资成本，同时调整留存收益。

原取得投资后至转变为权益法之间被投资单位实现净损益中投资企业应享有的份额，调整长期股权投资和留存收益；属于其他原因导致所有者权益增加又为投资企业应享有的份额，调整长期股权投资和资本公积。

例5：A企业取得B企业10%的股权，成本600万元，取得投资时B企业可辨认净资产公允价值总额为5 600万元（假定公允价值与账面价值相同）。因对被投资单位不具有重大影响且无法可靠确定该项投资的公允价值，A企业采用成本法。

2007年5月1日，A企业增资，以1 200万元的价格又取得B企业12%的股权，当日B企业可辨认净资产总额为8 000万元。取得该部分股权后，按照B企业章程规定，A企业能够派人参与企业经营决策，长期股权投资的核算改为权益法。

增资时A企业做如下分录。

借：长期股权投资 12 000 000

贷：银行存款 12 000 000

确认增资后，企业的长期股权投资账面价值为1 800万元。原10%的股权成本600万元与原享有企业可辨认净资产公允价值的份额 560 万之间的差额 40 万元，属于原投资时体现的商誉，不做调整。

原投资时间和增资时间之间被投资单位可辨认净资产公允价值变动（8 000 万元减至 5 600 万元）相当于原持股比例的部分为 240 万元，其中 60 万元（600 万元 × 10%）调整长期股权投资和留存收益，其余 180 万元调整长期股权投资和资本公积。

借：长期股权投资 2 400 000

贷：资本公积——其他资本公积 1 800 000

利润分配——长期股权投资调整 600 000

增资的 1 200 万元，与取得投资日被投资单位可辨认净资产份额 960 万元（8 000 × 12%）之间的差额为投资作价中体现的商誉，不做调整。

第二，权益法转换为成本法也有两种情况。

①因增资，使"共同控制"或"重大影响"类投资变为"控制"类投资。此时的长期股权投资账面价值的调整按照初始成本确定的方法进行。

②因减资，使"共同控制"或"重大影响"类投资变为"不具有共同控制和重大影响"类投资，此时以长期股权投资账面价值作为按照成本法核算的基础。转换之后，自被投资单位分得的现金股利或利润未超过转换时被投资单位账面留存收益中投资企业享有份额的，冲减长期股权投资成本；如果超过，超过的部分确认为当期损益。

例 6：A 企业持有 B 企业 30% 的股份，采用权益法核算。2007 年 7 月 1 日，A 企业将 50% 的股份出售，出售后无法对 B 企业施加重大影响，且该项投资不存在活跃市场，公允价值无法可靠计量，所以长期股权投资改用成本法核算。出售时，该项长期股权投资的账面价值为 3 400 万元，其中投资成本为 2 500 万元，损益调整为 900 万元，出售取得价款 2 000 万元。

借：银行存款 20 000 000

贷：长期股权投资 17 000 000

投资收益 3 000 000

投资处置后，长期股权投资的账面价值为 1 700 万元，其中包括投资成本 1 250 万元，原确认的损益调整 450 万元。假设转换时 B 企业的账面留存收益为 2 500 万元，则 A 企业在未来期间分得现金股利或利润时，取得的现金股利或利润未超过按持股比例核算享有原 2 500 万元的份额，则分得的现金股利或利润冲减长期股权投资的账面价值，超过部分确认为投资收益。

### （五）长期股权投资的减值

长期股权投资在按照规定进行核算并确定其账面价值的基础上，如果存在减值迹象，应当在资产负债表上按照相关规定计提资产减值准备。其中对子公司、合营企业及联营的长期股权投资，按照新《企业会计准则第 8 号——资产减值》的规定确定其可收回金额，计提减值准备。对不具有重大影响或共同控制、在活跃市场上没有报价、公允价值不能可靠计量的长期股权投资，按照新《企业会计准则第 22 号——金融工具确认和计量》的规定确定其可收回金额，计提减值准备。会计分录如下。

借：资产减值损失——长期股权投资减值准备可收回金额

贷：长期股权投资减值准备可收回金额

### （六）长期股权投资的处置

企业在处置长期股权投资时，应相应结转与所处置股权相应的长期股权投资账面价值，处置所得价款与账面价值之间的差额，确认为处置损益。采用权益法核算的长期股权投资，原计入资本公积中的金额，在处置时也应进行结转，将与被处置股权对应的资本公积部分转入当期损益。

## 二、可转换公司债券

### （一）可转换公司债券的概念

企业购入可转换公司债券虽然开始不是长期股权投资，但以后可能转换为长期股权投资。考虑到这种投资的特殊性和新《企业会计准则》对投资的重新分类，所以在本节简单介绍一下可转换公司债券投资的内容。所谓可转换公司债券，是指企业购入的可在一定时期以后转换为股份的债券，可转换公司债券属于混合证券，对于发行企业而言，既具有负债性质，又具有所有者权益性质；对于债券持有企业而言，既具有债券性质，又具有股权性质。

对购买可转换公司债券的企业而言，一方面，在发行企业效益不佳的情况下，债券持有者作为企业的债权人，有权取得固定的利息，并到期收回本金。即使发行企业破产清算，债权人的清偿权在投资者之前，使其利益得到一定的保证。在发行企业效益较好的情况下，债券持有者可将债券转换为股份，可以享受股利和资本增值的利益，或者在股票市场上该股票价格上涨时，将转换的股份出售，可得到较高的收益。另一方面，如果债券持有者未将债券转换为股份，在债券到期还付利息时，由于债券利率通常较低，将会损失一部分利息。

在会计核算中，企业购入的可转换公司债券在转换为股份之前，属于债权性质的投资，因此，在可转换公司债券未转换为股份之前，在会计上不能作为长期股权投资处理。但是，在债券转为股权之后，该项投资就变成了股权性质的投资，相应在会计上也应该作为长期股权投资处理。

### （二）可转换公司债券的类别归属

在原《企业会计准则》体系下，可转换公司债券的归属很简单，它属于"长期债券投资"，相应的会计处理也按投资准则的规定进行。但是在新《企业会计准则》体系下，可转换公司债券在转换之前，又属于哪一类的金融资产呢？这里就提出了一个归属问题。归属不同，相应的会计处理也有很大差别。这里需要对具体情况做一些分析。如果投资企业准备放弃该债券的转换权利，将此债券一直持有到最后期限，那么，这和购入普通债券没有什么不同，完全可以将此项投资划分为持有至到期投资。如果不是这种情况，则该项投资不能划分为持有至到期投资，此时可考虑将此划分为"可供出售金融资产"或"交易性金融资产"。

一般而言，企业购买可转换公司债券，总是希望到期能行使转换权利的，但也不排除发行企业的效益不好，致使购买企业为降低风险而不行使转换权。但是在取得该项金融资产时，购买企业不会准备持有至到期，同时因为有"转换权"的存在，购买企业往往需要一段时间的观察，所以也不会有短期出售的打算。因此，可转换债券在取得时，最可能的归属是"可供出售金融资产"，当然，企业管理层的意图如果不是这样，就像上面所说的，在特殊的意图下也可以划分为"交易性金融资产"和"持有至到期投资"。

### （三）可转换公司债券的会计处理

企业购买可转换公司债券，一旦归属定下来，则相应的会计处理就按《企业会计准则第 22 号——金融工具确认和计量》的规定进行，包括初始计量和后续计量等。转换为股权的，则按《企业会计准则第 2 号——长期股权投资》的规定进行会计处理。

可转换公司债券在进行会计处理时，持有可转换公司债券的企业，在将可转换公司债券转换为股份时，应确认转换日尚未确认的利息收入，计入当期投资收益。

# 第八章　工程项目的资金管理

## 第一节　工程项目的资金管理普遍存在的问题

项目资金是财政预算资金中除年初预算用于人员工资和个人补助以及机关正常运转经费以外的其他所有财政支出。按资金来源可分为本级财力安排的项目资金、上级财政补助安排的项目资金。本级财力安排的项目资金分年初预算安排的项目资金和年度执行中财力超收追加预算安排的项目资金；上级财政补助安排的项目资金分专项转移支付资金和专项审批安排资金。在实际工作中，由于制度不完善、地方财政困难等原因，不同程度地存在项目管理混乱、支出效率低等问题，影响了国家对各项事业发展的投入效率。如何加强项目资金管理，充分提高支出效率，是财政部门和财政工作者需要深入探讨的问题。

### 一、预算编制与执行相脱节，预算约束力弱化

财政预算普遍推行部门预算和细化预算的编制方法，基本上实行的是"人员经费按标准，项目经费按实际"的原则。但对于项目经费如何按实际，却没有明确的规定，使项目经费的预算编制缺乏科学合理的标准和依据。同时，因财政困难，预算编制与执行相脱节的现象时有发生，使预算约束力弱化，专项事业资金供给不足，影响项目建设的发展和政府职能的实现。

### 二、配套资金不到位，项目建设不能如期完成

上级部门下达的项目资金，大多都要求地方配套，一些项目要求的配套资金数额相当大，个别项目甚至达到总投资的 50% 以上。在没有配套资金就不予立项的情况下，地方为了争取项目，就不切实际地同意配套，但由于地方财政困难，承诺的配套资金大大超过了地方的承受能力。而在项目预算上地方配套资金已计入了投资总额，项目的设计也包括了地方配套资金部分。工程实施后，因配套资金不能到位，工程建设打折扣，工程建设任务不能全面完成，形成"半拉子"工程，严重影响了整个项目的投资效益。

## 三、挤占、挪用项目资金现象时有发生

一是项目的前期工作做得不扎实，基础工作不细，资金下发后由于客观条件的限制，批准的申报项目无法实施，或者实施后资金缺口过大，不能完成工程任务。二是地方财政困难，一些突发性的支出发生后，政府给职能部门压任务，因地方财政在年初预算时没有安排资金，职能部门只好先用项目资金垫付。在垫付资金长期不能归位的情况下，批准的项目就不能实施，形成实质上的挤占，改变了资金的用途。三是项目管理费用过高，挤占专项资金。项目单位往往以公用经费投入过少为借口，在项目中大量开支管理费用，一些项目的管理费用达到了项目总支出的30%，一些小项目资金甚至被全部挪用，使项目建设无法顺利完成。

## 四、缺乏必要的监管机制，容易滋生腐败

一是制度不完善，缺乏操作性。现有的项目资金管理办法，分类性的较多，规范性的较少；原则性的条款较多，细则性的规定较少，缺乏可操作性。二是监督部门监管不到位。以工程建设项目为例，很多达到招投标限额的项目未进行招投标，由项目单位直接发包，发包价由实施单位和施工单位商定，没有相关的监督程序。在这种情况下，项目工程量的认定，增减工程的数量等没有监督部门参与，导致工程发包价、结算价不透明，容易滋生腐败。三是监督部门缺乏相关专业技术人员，外行管内行，对工程类项目的监管难以到位，使监督停留在程序和形式上，形同虚设，甚至在某些时候还充当了项目实施单位的挡箭牌。四是处罚不力。在对财政、审计等部门的专项资金检查中披露出的问题，由于客观原因，在处理时干预较多，处罚乏力，难以处理到位，且处罚方式以"公对公"为主。对违规单位处罚较重，追究相关责任人的责任方面却做得不够，使处罚结果缺乏威慑力。

# 第二节　工程项目的资金管理存在问题的原因

## 一、项目资金支出管理弱化

当前地方财政管理与监督弱化的问题较为普遍，在项目资金支出管理方面尤为突出，"重分配，轻管理"的观念仍未从根本上得到改变。这表现在地方财政支出过程中，从政策的掌握运用，到财政拨款和财政监督均合为一体，缺少内在的制约机制。地方财政支出监督滞后，支出监督的方式落后，突出性、专项性检查多，日常监督少；事后检查多，事前、事中监督少；对某一环节检查多，全方位跟踪监督少。涉及监督和管理的制度和法规

建设相对滞后，对于一些不按预算执行或随意改变支出用途的问题，特别是以前年度发生的违规事项，目前还只是要求违规单位今后予以杜绝，而没有相应的解决办法和措施，使得监督往往流于形式，缺乏应有的力度，直接影响了财政监督的权威性和有效性，助长了财政支出过程中的浪费、违纪现象，使管理手段相对弱化，导致财政资金使用效率较低。

## 二、一些制度和办法已不能适应当前管理的要求

在现行制度中有些条款过于粗放，如《行政单位会计制度》规定的行政单位支出中，"经常性支出和专项支出具体包括基本工资、补助工资、其他工资、职工福利费、社会保障费、公务费、业务费、修缮费、设备购置费、其他费用等。"这种将经常性支出与专项支出进行笼统规定的条款，与目前实行的细化部门预算的要求存在一定的差距。此类问题在现行财务制度中同样存在，导致预算实现了细化，但核算尚未实现细化的问题，给监督和管理带来了很多困难。

## 三、项目资金预算编制缺乏科学合理的标准

"先确定资金，再有项目"的现象在各地还普遍存在；预算编制透明度不够，一些项目甚至连基本预算都没有，从而导致预算编制与预算执行的严重脱节；特别是一些基层财政部门或用款单位想方设法争取上级财政专项资金，但由于缺乏对项目的论证，一些项目迟迟得不到落实，形成项目资金的滞留或挪用，严重影响了财政资金的使用效率，同时使违规操作成为可能。

## 四、地方财政部门缺少对项目资金使用的综合评价

对于各部门、各单位上报的各类报表更多的只是从数字上进行简单汇总，用于应付上级部门的要求，而没有从财政角度加以分析和利用，特别是缺乏对项目资金使用情况的综合评价以及同类项目使用标准的归纳和确定，出现了安排不同单位使用同类项目资金时标准不一的问题，使得用款单位在取得项目资金上苦乐不均。同时，因为没有科学的项目开支标准，领导决策缺乏科学合理的依据，导致一些项目资金，"切块预算"现象的发生。另外，也使一些用款单位在得到项目资金后违规使用，将大量项目资金用于个人补贴等，扭曲了项目资金的真实用途，造成财政资金的浪费。

# 第三节　加强项目核算，建立健全资金管理制度

## 一、健全账簿设置，加强项目明细核算

利用国库集中支付或会计核算中心的工作平台，切实加强会计核算，健全账簿设置，对资金量大的项目和重点项目专门设置明细账核算，做到项目资金来源清楚、去向明确、使用明白，及时为项目单位提供会计信息，使项目单位及时掌握各个项目的资金使用和结存情况，加强资金管理。

## 二、加强项目管理

一是加强项目申报的前期工作，建好本级的项目库，基础资料和数据要真实、完整，项目要切实可行，申报的项目要符合国家资金的投入方向，以利于向上级部门争取批准项目实施；二是项目的调整要按规定的程序进行，不能由实施单位擅自调整。监督部门要对照下达项目的情况进行监督检查，发现问题要及时纠正，对擅自调整项目建设内容和实施地点的，要加以处罚，并限期整改。

## 三、合理安排管理费用，减少挤占、挪用专项资金现象

鉴于市、县级财政存在的实际困难，上级部门在下发项目资金时要考虑一定的管理费用，以保证项目的顺利实施；地方财政在预算安排上，对建设项目多、工作任务重的单位要给予适当的经费倾斜，做好部门预算工作，搞好经费测算，安排的经费要能保证项目实施所必要的支出，切实杜绝挤占、挪用专项资金用于单位日常开支的现象，保证专项资金全部用在项目上。

## 四、配套资金的匹配要适当考虑地方财政的承受能力

目前，因工业调整，经济下滑，市级财政相当困难。在地方根本没有财力进行项目配套的情况下，与其千方百计地搞虚假配套，还不如切合实际、量力而行，"有多少钱办多少事"。因此，除一些地方可上可不上的项目要求地方配套资金外，对一些关系重大或者是国家重点投入方向的项目，上级部门最好在资金上全额安排，不要考虑地方的资金配套，避免地方配套不到位，影响项目实施，造成"半拉子"工程。

## 五、加强部门协调的同时，财政部门要切实履行好自己的职责

目前，工程发包和工程计量、计价仍然存在着诸多弊端，项目主管单位自行组织实施、

自行发包工程的情况相当普遍，缺乏必要的监督管理机制，容易滋生腐败。要解决这个问题，地方政府要牵头理顺各部门之间的管理权责，建立和健全本级的项目资金管理制度，严格操作程序，把工程建设阶段各部门的职责加以明确，避免部门之间职能交叉，"一些事争着管，一些事没人管"，出现管理缺位和越位。财政部门要积极向政府反映，把属于自己职权范围内的职能，充分行使起来，大胆开展工作，自己管的，一定要管好、管到位，不能因为部门职能交叉造成自己的工作失职。

## 六、转变处罚方式，要认真追究责任人的责任

现有的处罚方式主要是针对单位的处罚，属"公对公"，收缴的资金或者罚款大多由单位承担，资金被收缴后工作就无法开展，政府不能坐视不管，会采取其他一些补救措施，使工作得以延续。因此，这种处罚可以说是无关痛痒，徒然加大财政负担。要改变这种现象，就要改变处罚方式，由处罚单位向处罚个人转变，明确相关责任人，主要领导、分管领导、项目负责人、财务人员分别应当承担什么样的责任，都要加以明确，使问题查清后的处罚能落到具体的人身上，根据应承担的责任给予有关责任人一定的党纪、政纪处分和经济处罚。这样，单位才能真正重视对项目资金的管理，减少和杜绝违法、违规行为的发生。

# 第九章　总经理的财务管理

## 第一节　科学合理的筹资规划

韩国第二大企业集团大宇集团 1999 年 11 月 1 日向新闻界宣布，该集团董事长金宇中以及 14 名下属公司的总经理决定辞职，以表示"对大宇的债务危机负责，并为推行结构调整创造条件"。韩国媒体认为，这就意味着"大宇集团解体进程已经完成""大宇集团已经消失"。

大宇集团为什么会倒下？在其轰然坍塌的背后，存在的问题固然是多方面的，但不可否认其中有财务杠杆的负面作用。大宇集团在政府政策和银行信贷的支持下，走上了一条"举债经营"之路，试图通过大规模举债，达到大规模扩张的目的，最后实现"市场占有率至上"的目标。1997 年亚洲金融危机爆发后，大宇集团已经显现出经营上的困难，其销售额和利润均不能达到预期目的。而与此同时，债权金融机构又开始收回短期贷款、政府也无力再给它更多支持。因此，大宇集团继续大量发行债券，进行"借贷式经营"。由于经营不善，加上资金周转上的困难，韩国政府于 7 月 26 日下令债权银行接手对大宇集团进行结构调整，以加快这个负债累累的集团的解散速度。由此可见，大宇集团的举债经营所产生的财务杠杆效应是负面的，不仅无助于提高集团的盈利能力，反而因巨大的偿付压力使集团陷于难以自拔的财务困境。从根本上说，大宇集团的解散，是其财务杠杆负面作用影响的结果。

"前车之鉴，后事之师。"我们要吸取大宇集团的教训，合理运用财务杠杆。企业借债是为了获得更大的投资收益，但是如果超过限度，就要被债务所累。除股权资金外，企业通过债务融资渠道得到的经营资金就是财务杠杆。企业适当运用财务杠杆，可以使企业在不增加权益资本投资的情况下，获取更多的利润，从而增加权益资本的回报率。因为债务融资所得的经营利润，扣除较低的借款利息后的税后利润，由企业股东分享，可以大大提高企业权益资本的回报率。

当前，企业融资渠道多元化，负债经营已成为普遍现象。如何确定负债规模，保证企业的支付能力，发挥财务杠杆的积极作用，已成为财务管理工作的重要任务。

负债经营有好处，这是显而易见的，但它有一个必要前提，即企业的税前利润率必须高于负债利息率。如果利润率不足以抵偿负债利息率，则负债经营犹如饮鸩止渴，负债越多则积患越深。如果利润率等于利息率，对于企业无利害关系可言，但就整个社会而言等于以有限的资金作无增值之浪费。即使是利润率大于负债利息率，但由于负债必须到期归还，过多的负债也必然增大企业的风险。无节制地增加负债，必然带来融资成本的增加，使企业利润率下降，甚至带来资不抵债的恶果，形成恶性循环。负债过重引起企业利息增多、盈利减少，企业再投资减慢。企业增加负债、促进生产，引起利息成本进一步增加，又导致盈利减少。如此周而复始，使企业陷入被动局面。

因此，企业的总经理一定要根据其自身的偿债能力这个基本的制约因素做好可行性研究，权衡利弊，正确测算负债引起的经济后果，筹划负债规模、来源和期限，注意企业资产的流动性，以防止企业无力偿还债务的现象发生。当前，许多企业在管理运营中，纷纷陷入困境，其原因不仅是营业利润的减少，而且是由财务结构不佳、没有合理运用财务杠杆、财务风险太大所造成的。有的企业反映，实现利润虽然增多了，但难以应付到期借款和利息的归还，这实际上是没有考虑其自身的偿债能力，仅仅停留在事物的表象上，没有深入研究的结果。

虽然我国有几千年的"中庸文化"传统，但表现在企业运作中的，却少得可怜。很多企业的经营方法都是"一边倒"，如在负债方面，要么不负债，要么就过度负债。这种过激的方式应努力杜绝。企业适度举债是明智的，由于债务性质的资金，其利息支出可在企业"财务费用"科目下列支。由于该项成本减少收入而达到合理减税，能提高股东权益投资收益率。同时，在此基础上，必须明确不论企业经营状况好坏，债务资金偿还是硬性的，过度负债都会增加企业经营风险。

## 一、筹资前应考虑的因素

企业要想使自己的融资规划具备科学性、可操作性，必须考虑以下六方面的因素。

①灵活性对于经济快速增长的企业尤为重要。主要考虑企业现有多少种筹资选择，当前的筹资决策在多大程度上会影响到企业未来的筹资能力。

②收益方面，考虑每种筹资方式会对收益、每股盈余、利息和股利分配及现金流产生什么影响、与企业的竞争对手相比，其对市场盈利和股票价格的影响有多大、当这些资金到期时，是否必须履行义务。

③风险性方面，考虑企业可承担多大的财务风险、财务杠杆对破产风险和股东收益变动的负面影响有多少。

④时机方面，"机不可失，时不再来"充分强调了把控时机的重要意义。在企业进行筹资规划时，应该注意这一点。企业可根据筹资当时的经济环境和资本市场走势，考虑哪种筹资方法更具吸引力，对将来利率变动的预期是否会使某种筹资工具优于其他筹资工具，是否有某种筹资工具将在未来的一段时间内特别流行，银行对借款合同加收费用时会采用哪种筹资工具，股市大涨时是不是也会对股票融资积极参与等。

⑤控制权方面，要考虑在进行债务融资时，合同条款是否过于严格，违约是否会使债权人失去对企业的控制，在进行权益融资时，目前的所有者权益会被稀释到什么程度等。

⑥其他因素考虑的关键点则在于财务杠杆对企业管理人员的激励效应如何。

## 二、筹资遵循的原则

企业筹资应遵循"筹资成本最低"和"筹资与投资并重"的基本原则。筹资决策一般采用比较法，即比较不同筹资方案的成本、条件、风险与效益的大小和优劣，从中选择最佳筹资方案。

①筹资成本比较。企业要获得一定数量资金的使用权，就必须为之付出一定的费用，而每种筹资方式的筹资成本各不相同，通过比较不同方案的筹资成本，可以确定不同筹资方案的优劣。

②筹资条件比较。即企业通过分析各种筹资条件的优劣，选择相对有利于企业的筹资方案。

③筹资风险比较。一般来说，筹资风险与风险报酬和筹资成本均成正比，企业应根据具体筹资方案的风险类型和客观条件，处理好"避险"与"冒险"的关系。

④筹资效益比较。也就是以不同的筹资方案可能带来的预期效益作为筹资决策的根本依据。

⑤筹资的良药。

第一，必须按照投资机会来把握筹资时机。

企业在筹资过程中，为了避免因取得资金过早而造成闲置，或者取得资金相对滞后而影响投资时机，企业必须确定合理的筹资计划与筹资时机。

第二，要把握一个"度"的问题。

无论通过何种渠道、采用何种方式筹资，都应预先确定资金的需求量，做到筹资量与需要量相互平衡，既防止筹资不足而影响生产经营活动的正常开展，也避免筹资过剩而降低筹资效益的现象发生。

第三，必须使企业的股权资本与借入资金保持合理的结构关系。

以防止负债过多而增加财务风险，增加偿债压力，或因为没有充分地利用负债经营，而使股权资本的收益水平降低。

第四，必须有"成本效益"观念。

为了使企业的筹资成本降低，直接提高筹资效益，企业必须根据不同筹资渠道与筹资方式的难易程度、资本成本等综合考虑，认真地选择筹资来源和方式，而不是想当然地进行操作。

## 三、确定最佳资本结构

资本结构是指企业各种资本的构成及其比例关系。

企业的资本结构是由企业采用各种筹资方式筹资而形成的。各种筹资方式的不同组合类型决定着企业的资本结构及其变化。通常情况下，企业都采用债务筹资和权益筹资的组合，由此形成的资本结构又称"搭配资本结构"或"杠杆资本结构"，其搭配比率或杠杆比率（即债务资本比率）表示资本结构中债务资本和权益资本的比例关系。因此，资本结构问题总的来说是债务资本比例问题，即债务资本在资本结构中安排多大的比例。

## 四、负债经营的风险

负债经营能在保持现有股东的控制权前提下带来股东财富的较快增长。因此，资本市场上对于企业以及管理者是否有进取心的一个重要衡量标志，就是负债经营的程度。但是"物极必反"，过度的负债经营又会给企业的经营带来极大的风险。

企业过度负债，会影响到企业的信誉，从而降低其再筹资能力。

企业过度负债会加大其无力偿付债务的风险。

企业过度负债减弱了"财务杠杆"正面效应，增加了促使权益资本收益大幅度下滑的负面效应。

## 五、资本结构的决策因素

为了规避这些风险，企业应该存在一个能在一定风险条件下获取最大收益的资本结构，即最佳资本结构。在理论分析中，最佳资本结构的确定往往以加权平均资金成本最低和企业价值最大为依据。从负债经营比例看，它反映了债权人所提供资金占企业全部资金的比例，表明了债权人投入资金受到自有资金保障的程度，即风险程度，以及企业利用债权人资金进行生产经营活动、增加盈利的能力。

# 第二节　与时俱进的财务管理新观念

有位大学教授在给一些管理人员讲课之前出了一道有趣的思考题："在很远的地方发现了金矿，为了得到黄金，人们蜂拥而去，可有一条大江挡住了必经之路，你们会怎么去寻找发财的途径呢？"一石激起千层浪，会场顿时活跃起来。有的说"游过去"，有的说"绕道走"，有的说"找船去"……面对热闹的场面，教授先是笑而不语，继而认真地说："为什么不可以买一条船搞营运，接送那些淘金的人，这样一来不是照样可以发财致富吗？"教授接着说："人们为了发财，即使船票再贵，也会心甘情愿买票上船，因为前面就是诱人的金矿啊！"听课者茅塞顿开。是啊，人们在面对着习以为常的事件时容易产生思维定式，为什么不去换一种思维方式呢？尤其是习惯于传统思维方式的人，有时候确实需要来一个"脑筋急转弯"。

时代在变，思维方式也要跟着转变，才能适应时代发展的要求，才不会落伍。在市场经济条件下理财，只有先更新观念，才有可能制胜。从有效理财的角度来说，企业管理人员应当抛弃陈旧的"账房先生"观念，走出"账房"，走进市场，更新思维，树立现代理财观念。

社会经济发展速度越来越快，要想在新形势下抓住机遇，就必须及时进行知识更新，树立一套与不断变化的财务管理环境相适应的财务管理新观念，具体包括如下。

## 一、竞争观念

"物竞天择，适者生存。"竞争为现代企业财务管理带来了活力，创造了机会，但同时也带来挑战。优胜劣汰的原则使每位管理者都具有强烈的竞争意识，市场经济必将进一步发展，市场供求关系的变化及价格的波动，往往会给企业带来冲击。总经理应当做好应对准备，强化财务管理在资金的筹集、投放、运营以及收益分配中的决策作用，并在竞争中不断提高企业承受和消化冲击的能力，使企业自身的竞争实力进一步提高，在激烈的市场竞争中站稳脚跟，进而脱颖而出。

## 二、经济效益观念

市场经济实质上是一种损益经济，企业作为一个自主经营、自负盈亏、自我约束、自我发展的经济实体，取得并不断提高经济效益是其基本特征之一。因此企业总经理在工作过程中必须确立经济效益观念。在日常的财务管理工作中，尽可能降低成本，提高资金利用率，"开源"与"节流"并举，据此来更好地实现企业财务管理目标。

## 三、财务国际观念

中国已经加入世界贸易组织，同世界各国间经济交往日益频繁，我国企业与外国的企业之间合作不断增多。因此，企业总经理必须具有财务国际观念，不仅熟悉国内财务环境，还必须了解国际财务环境，才能适应新形势的需要。

## 四、财务风险观念

市场经济中充满了各种各样的财务风险，现代企业在组织财务活动的过程中，因各种不确定性因素及一些突发性因素的影响，企业的实际财务收益时常与预期财务收益存在较大差异，从而使企业有蒙受经济损失的可能。怎样防范这些可能发生的风险是企业总经理必须要明确的。企业总经理在进行财务决策时，应力求回避风险，以减少损失、增加收益，特别要注意风险与报酬是相伴而生的，低风险往往是低回报，取得高报酬要冒更大的风险。怎样在风险与报酬之间进行选择，这是企业总经理面临的一大课题。

## 五、财务公关观念

企业总经理及其下属人员不能只算账。对外，应加强与财政、税务、银行、物价及上级业务主管部门的联系，以便得到他们的指导和支持；对内，应协调财务部门与生产部门、营销部门、公关部门、人力资源管理部门的关系，以便得到他们的理解和配合。因为财务部门处于经费分配的位置，容易与经费使用部门的看法不相同，而引起矛盾。这时企业总经理可使财务部门换一种思维方法，设身处地为其他部门考虑，若有必要，可请有关领导做沟通协调工作。

## 六、超前意识观念

我们走进了信息时代，企业总经理要跟上信息技术更新的步伐。信息技术的发展促进了业务数据向决策信息转化，决策信息再向实用知识转化。这是一个促进企业价值增长的过程，也是知识经济发展的必然结果。这个时代知识更新较快，企业总经理必须具有超前意识观念，善于借助先进的信息处理技术，可以在复杂的环境中，有效地搞好财务管理，为企业提供可靠的财务信息，促进企业价值快速增长。

# 第三节　科学设计企业财务管理目标

提起企业财务管理目标，许多人会脱口而出："实现企业利润最大化！"这样的财务管理目标是否科学合理呢？让我们来看这样一个故事。

某报曾经报道过300条鲸鱼突然死亡的新闻。这些鲸鱼在追逐一群沙丁鱼时，不知不觉被困在一个海湾里而走向死亡。弗里德里克·哈里斯这样评价这个事件："这些小鱼把海上巨人引向死亡。"这些鲸鱼只顾眼前利益而空耗实力，最终陷入了死亡的境地。

这则报道给我们的启示是，企业建立财务管理目标时，其目光应是长远的而非短浅的，其内容应是全面的而非片面的，其内涵应是战略性的而非急功近利的。

客观地讲，任何一个企业追求利润都是无可厚非的，利润代表了企业的新创财富，利润越多则财富增加越多，并且在市场经济条件下，获利多少表明了企业竞争力的强弱，所以把利润最大化作为企业的财务管理目标在某种程度上有一定的道理。但仔细分析起来，利润最大化存在着很大的缺陷，它不能成为企业的最高理财目标。

利润最大化未考虑到取得利润的时间（由于资金时间价值的影响，今年的100万元同去年的100万元是不等值的），也没有考虑取得利润与投入资本之间的关系。

利润最大化容易使企业忽视风险，造成企业财务危机和生存困境。

利润最大化往往会给企业财务决策带来过多的短期行为，使企业在市场竞争中拼资源、拼设备，图一时之发展，而缺乏发展后劲。

我们应吸取"追逐沙丁鱼的鲸鱼"的深刻教训，作为一名管理者，要把财务管理目标建立在企业战略发展的层次上，不要怕眼前赚不到钱，而要注重如何在未来赚更多的钱，调整好企业资本结构，做好筹资的决策，为企业近期和远期利益的取得，为企业资产的保值和增值做好充分准备。

针对利润最大化目标的缺陷，学术界提出了另外两个观点——股东财富最大化观点和企业价值最大化观点。下面分别加以阐述。

## 一、股东财富最大化观点

股东财富最大化是指通过财务上的合理经营，为股东带来最多的财富。在股份制公司中，股东财富由其所拥有的股票数量和股票市场价格两个方面来决定。在股票数量一定时，当股票价格达到最高时，股东财富也达到最大。所以，股东财富最大化，又演变为股票价格最大化。财务管理的目标就是要使每股股票的当前价值最大化。

### （一）股东财富最大化目标的积极作用

与利润最大化目标相比，股东财富最大化目标有其积极的方面。这是因为，股东财富最大化目标考虑了风险因素，因为风险的高低，会对股票价格产生重要影响。这在一定程度上能够克服企业在追求利润上的短期行为，因为不仅目前的利润会影响股票价格，预期未来的利润对企业股票价格也会产生重要影响。

### （二）股东财富最大化目标的缺点

但应该看到，股东财富最大化目标也存在一些缺点。

第一，它只适用于上市公司，对非上市公司则很难适用。

第二，它只强调股东的利益，对企业其他关系人的利益重视不够。

第三，股票价格受许多种因素影响，并非都是公司所能控制的，把不可控因素引入理财目标是不合理的。

尽管股东财富最大化目标存在上述缺点，但如果一个国家的证券市场高度发达，市场效率极高，上市公司可以把股东财富最大化作为财务管理的目标。

## 二、企业价值最大化观点

现代意义上的企业与传统企业已经有了很大差异，现代企业是多边契约关系的总和，股东当然要承担风险，但债权人和员工所承担的风险也很大，政府也承担了相当大的风险。所以财务管理目标应与企业多个利益集团相关，是这些利益集团共同作用和相互妥协的结果。在一定时期和一定环境下，某一利益集团可能会起主导作用，但从企业长远发展来看，不能只强调某一利益集团的利益，而置其他利益集团的利益于不顾。也就是说，不能将财务管理的目标仅仅归结为某一利益集团的目标，从这一意义上说，股东财富最大化不是财务管理的最优目标。

从理论上来讲，各个利益集团的目标都可以通过企业长期稳定发展，和企业总价值不断增长来实现。因此。以企业价值最大化作为财务管理的目标，比以股东财富最大化作为财务管理目标更科学。

企业价值最大化是指通过企业财务上的合理经营，采用最优的财务政策，充分考虑资金的时间价值和风险与报酬的关系，在保证企业长期稳定发展的基础上使企业总价值达到最大。

企业价值最大化这一目标，最大的问题可能是其计量问题，从实践上看，可以通过资产评估来确定企业价值的大小，而且在理论上也出现了核算企业价值的经济模型。

## （一）企业价值最大化观点的优点

以企业价值最大化作为财务管理的目标，具有以下优点。

第一，企业价值最大化目标考虑了取得报酬的时间，并用时间价值的原理进行了计量。

第二，企业价值最大化目标科学地考虑了风险与报酬的联系。

第三，企业价值最大化能避免企业追求利润上的短期行为，因为不仅目前的利润会影响企业的价值，预期未来的利润对企业价值的影响所起的作用更大。

第四，进行企业财务管理，就是要正确权衡报酬增加与风险增加的得失，努力实现两者之间的最佳平衡，使企业价值达到最大。

因此，企业价值最大化的观点，体现了人们对经济效益的深层次认识，它是现代企业财务管理的最优目标。所以，应以企业价值最大化作为财务管理的整体目标，并在此基础上，确立财务管理的理论体系和方法体系。

## （二）与企业价值最大化观点有关的两个因素

我们再介绍一种促使企业致力于长期价值最大化的实用观点，提出企业管理者在追求企业价值最大化的过程中应考虑的两个重要因素。

短期盈利能力：企业在短期内获取利润的能力。

长期盈利能力：企业长期获取利润的能力。

有不少企业短期盈利很好，但是往往好景不长，主要是因为其在获取短期盈利的同时，未能够将赚钱与经营企业联系起来。很多企业赚取利润后，往往无法进行再投资，无法利用财务管理知识进行资产的有效管理——长期增值。如未投入产品研发、未形成良好的管理团队、未经营企业品牌、未开发核心技术或核心竞争力等能给企业带来长期价值的管理策略。另有许多企业往往只顾追求长期盈利，却忽略了企业要想持续经营一定要先精心经营实现短期盈利。企业应该以短期盈利的能力维持其经营状态，最终获得长期盈利。

以上两种只顾短期盈利和只顾长期盈利的观点都是极其片面的，希望引起管理者的高度重视。

# 第四节　设立健全的财务机构

现代化的企业必须设立合理、健全的财务管理机构，并配备相应的人员，明确各部门和员工的责任、权限。这样，各个职能部门便可各司其职，既互相联系，又互相制约，从而可大大提高工作效率，并最终实现企业财务管理目标。

建立一套健全、合理的组织机构可使管理者从那些程序化、规范化的日常工作中解脱出来，并使其更好地抓住主要问题开展工作。

因各个企业的性质及内部管理模式等差别很大，企业各自设立的财务管理机构也有所不同。目前，我国企业财务机构的常见组织形式主要有以下两种。

## 一、财务管理与会计合为一体的一体化组织形式

在此形式下，企业的财务管理和会计两套机构合并在一起，这是目前多数企业采取的形式。

通常情况下，企业设有财会科室，由总会计师或主管经济管理的副总经理来领导，负责全公司财务和会计两方面的管理工作。

一体化的财务会计组织形式优点是关系简明，便于财务业务集中管理，并能够提高工作效率。但是，随着社会主义市场机制的建立，企业已逐步转变为自主经营、自主理财、自负盈亏的经济实体，企业所面临的理财环境错综复杂，财务管理的内容各式各样，财务管理对企业的重要性日趋增强。在此情况下，这种一体化的组织形式开始落后于目前财务管理的发展形势。

## 二、财务管理与会计设置不同管理机构的平行组织形式

在此形式下，企业将财务管理、会计分开设置机构，各司其职，财务管理和会计部门都有自己一套组织机构。

在平行组织结构中，会计主管的工作内容是包括会计核算在内的所有工作，如编制预算、业绩评价和业务咨询，负责内部会计控制、会计核算、办理纳税，编制财务报告、会计报表等。而财务主管则统管财务管理的全部工作。

此平行组织机构在实际运行中，有利于财务管理、会计发挥各自的作用，权责明确，既保证财务管理工作，又保证会计工作，可适应市场经济机制下对管理的要求。

在此财会管理机构中，企业财务主管的职责是参与企业经营决策，管理资金；组织财务活动，对经济活动实行财务监督，以更好地履行财务管理的职能。

与其职责相对应，财务主管在企业的生产经营活动中要完成以下几种任务。

第一，处理好各方面财务关系，努力提高企业经济效益，为促进企业生产提供资金，并设法合理、节约地使用资金，保证资金的使用达到最佳效果。

第二，制订本企业的成本和利润计划，确定最优利润指标及其实施方案，督促有关部门执行降低成本和增加生产的技术经济措施，严格执行财务纪律，及时、足额缴纳有关税金。

第三，积极利用奖金等经济手段调动企业员工的生产积极性。

第四，参与有关生产、销售、产品开发以及对外投资等计划的编制与决策。

上述两种管理模式在我国的各类企业中是相当常见的，管理者可根据本企业的实际情况，建立一套适合于本企业实际状况的规章制度，进行合理的岗位设置与分工，这会使管理者所做的各项工作得以准确、高效地完成。

# 第五节　做成本控制的高手

传统的降低成本思想仅仅把费用看作削减的对象，把重点集中在价格和差价上。现代的财务管理是先看质量、时间、服务、买卖双方的伙伴关系，然后再看价格，用价值链的概念来管理成本。这主要体现在以下两方面。

一方面，通过制订预算来控制成本。如果没有预算，开销就会失去控制。

人们在听到"预算控制"这个词时不应当害怕。"预算"并不是以控制部门的开销为目的。"预算控制"的本质含义就是让组织中的每个人，都要保持与计划的一致性。

预算对控制成本很有用。预算意味着建立一个标准，然后一个时期、一个时期地将实际开销与其进行比较，因此它能促使人们将刚发生的开销和不久前发生的开销相对比。有了每项成本的具体数字和与前一年的比较数字，部门经理就能对升高了的成本采取行动。如果一个部门的经理理解自己部门定期（每周或每月）的开销，而且用数字表现得很清楚，他就可以与自己本部门的员工讨论这些数字，对于达到节约资金和减少浪费的目的，非常有帮助。另外，预算不仅可以使上层管理者减轻负担，还可以轻松地实现管理者对成本的控制。

标准是成本控制的基础，只有让工作始终处于高效率运作状态，才能相对地降低成本。因此我们首先需要设立一个标准来评定从事该工作的人或部门的工作，将完成工作的实际情况与标准相比较，就会清楚了解一个部门的劳动成本。

与此相同，控制与产品有直接关联的材料开销的最好办法是建立一个"消耗标准"。对于要生产的每种产品，一旦把其所需材料的标准或数量确定下来以后，对材料的订货就必须根据一定时期生产产品的数量，严格按此标准行事，从而降低不应有的花费。

另一方面，通过树立人们的成本控制意识来控制成本。

人们在谈到成本时，往往只把眼光放在会计人员和数字表格以及成排的账簿上。当人们尽最大所能完成每一项工作时，不论是开动机器还是进行车间服务，或者在办公室打印信件，只要注意把浪费减到最低限度，小心地使用设备和服务设施，很好地利用时间，就有可能降低成本。因此每个人都应该学会关心成本。每个人都应该自问："在我的工作中，对降低成本做了什么？"如果人们认识到他们工作的工厂是自己的工厂，所花的钱是自己的钱，他们就会以主人翁的态度完成工作；如果人们认为工厂的利润就是自己的利润，他们就会努力地找寻方法以降低成本，增加可分配利润。

有人会说一个人在降低成本方面起不了多大作用，这种看法是错误的。俗语说得好，"涓涓细流，汇成海洋"，成千上万微不足道的日常节省，汇集起来就对控制成本有极大的帮助。

# 一、实施重点控制，拓宽降低成本的有效途径

降低成本是提高企业竞争力的需要，是企业自身发展的需要。面对全球化的竞争趋势，削减成本、控制成本，已经没有退路、没有余地、没有弹性可言，为了企业能持续发展，再难也要把成本降下来。这需要通过不断拓宽降低成本的途径和领域来实现。

## （一）降低成本要依靠科学管理，实施重点控制

管理是企业永恒的主题。"三分技术，七分管理。"技术创新要求有创新的管理控制机制与之相适应，创新的管理控制手段为技术创新提供机制上的保证，二者相辅相成。管理要处理好"管"和"理"的关系，"管"是要管好，"理"是要理顺经济关系。企业通过强化管理，发挥管理的职能，实施重点控制，实现管理的目的，把该管的管好，该理的理顺。

建立新型的成本管理模式。实现成本控制由传统管理模式向作业区管理方式转变，由事后核销向事前控制转变，由争指标向内部挖潜增效转变。这就使指令性的业绩指标靠广大员工的自觉行为去努力实现。

减少管理层次，优化业务流程，以提高管理效率，不断降低管理费用。

按照市场经济规律，建立独立的决策系统，完善科学决策制度，优化投资结构，坚持谨慎的投资政策，从源头上控制成本，确保无效益的项目不上，不能达到预期回报率的项目不上，把钱花在刀刃上。

## （二）降低成本要依靠科技进步，拓宽有效途径

"科学技术是第一生产力。"运用电子商务，将从根本上解决计划经济体制下企业实行分散采购普遍存在的种种弊端，增强企业采购的透明度，缩短企业采购周期，降低企业的运营成本、交易成本，从而降低生产成本，提高企业的经济效益。

## 二、成本控制新思路

### （一）从战略的高度来实施成本控制

安达信（上海）企业咨询有限公司进行的一项调查表明，亚洲 40% 的企业依靠削减成本生存。为了迎合买家的低价格要求，扩大出口，同时也出于自身生存的考虑，不少企业强行降低原材料的价格或档次，严格控制人工费，这在原材料费用占总成本比重 60% 甚至 90% 的制造行业，往往能收到立竿见影的效果，但后果却可能是最终失去了客户和市场。可见单纯通过削减成本的方式不能使企业在市场上的地位有所提高，甚至可能走向相反。

单纯地削减成本，一般的做法都会考虑降低原材料的购进价格或档次，减少单一产品的物料投入（偷料），考虑降低工艺过程的工价，从而达到削减成本的目的。这样的做法可能会导致产品质量的下降、企业劳力资源的流失，甚至失去已经拥有的市场。长此以往，企业最终会走向衰败。

因此，单纯地削减成本不是企业明智之举。安达信（上海）企业咨询有限公司的经理查尔斯·詹指出：“削减成本措施并不能鼓励企业从根本上实施变革，从而赢得长期的优势。”要想有长期效果，就只能从战略的高度来实施成本控制。换句话来说，不是要削减成本，而是要提高生产力、缩短生产周期、增加产量并确保产品质量。

丰田汽车公司等日本企业长期以来所奉行的成本控制策略与此不谋而合，因此得以成为传统上的低成本领先者。丰田汽车公司曾经提出两个简单的公式来说明企业的经营观。公式一：价格＝成本＋利润，称为成本主义，以这个观念经营企业肯定要垮台。公式二：利润＝价格－成本，它的经济意义是价格由市场决定，企业要获得利润就要学会降低成本。丰田汽车公司以公式二的观念作为企业经营观，奋斗几十年成为经济效益最好的汽车制造企业之一。

### （二）目标成本控制远不止是成本控制，还包括利润规划

这种别具一格的思维方式迫使管理者考虑顾客的需要，设计产品时先考虑市场，而不是一味地降低成本，获取更大的利润。

在实际操作中，控制目标的分解不能太粗，否则就失去了控制的意义。目标成本控制不能制订过多的考核指标，任何事物都是宜精不宜多，多了就不值钱了。目标要定得恰当，太高难以达到，让人失去信心，太低又不起作用。

### （三）避免无效成本发生

企业应尽可能地避免无效成本的发生。

企业应强化监督职能，实施“职能警察线”的监督方法，设技术“警察”（工艺、质

检等部门）、经济"警察"（财务、审计等部门），纪律"警察"（纪检、监察等部门），
各负其责。

　　企业应加强物资管理，定期组织有关人员对各车间物资管理及仓库保管工作进行检
查、整改，并定期查库盘点，做到账、卡、物三对口，避免物资流失。同时，企业还要监
督物资去向与用途，推行限额领料制度，剩余材料及时退库，以防丢、毁、损等现象的发
生。特殊物资管理要责任到人，避免挪作他用而造成浪费。

　　资源闲置浪费是成本居高不下的主要因素之一，企业现代化管理制度应为充分利用资
源创造条件。这可从两方面入手。一是使企业闲置物资以价值量的形式流动以实现资产增
值。如通过对库存情况进行全面系统清查，制订物资调剂、结账和限购措施，对一些不需
用物资进行处理，盘活闲置资产。对企业中多余闲置和利用率低的固定资产，包括厂房、
土地、设备等，想尽一切办法加以利用。二是根据生产需要，合理配置人员和设备。先规
划出理想的人机比例关系，然后通过分析现有人员的技术层次及现有的技术装备水平，设
计实现现有人机的合理配置，并通过不断提高职工的技术层次和技术装备的水平，以达到
较合理的人员与设备的平衡，防止人员或机器闲置。

## 三、加快流程再造，降低物流成本

　　德鲁克曾经说过，物流领域是"降低成本的最后边界"。

　　20 世纪 60 年代以前，盛行的方法是确定经济生产批量、安全库存、订货点来保证生
产的稳定性。但是，随着买方市场的进一步形成，需求差异的存在，到 20 世纪 60 年代以
后，出现了物料需求计划、制造资源计划、零库存和精细生产。

　　20 世纪 80 年代以来，全球市场的一体化，对企业提出了更新、更高的要求。传统
的"纵向一体化"已经无法满足市场的要求，物流开始逐步趋向于"横向一体化"。

　　根据美国物流管理理事会的定义，"物流就是把消费品从生产线的终点有效地移动到
有关消费者的广泛活动，也包括将原材料从供给源有效地移动到生产线始点的活动"。物
流与降低资源消耗、提高劳动生产率相提并论，已成为"第三利润来源"。

　　当前，发达国家物流成本占 GDP 的比重大约为 10% 左右，美国甚至低于 10%。据世
界银行估算，我国物流成本占 GDP 的 16.7%，而实际可能超过 20%。我们的货运空载率
高达 60%，仓储量是美国的 5 倍。企业为产品储存、运输支付的费用占生产成本的 30% ～
40%，工商企业自有运输工具的空驶率为 40%，有人估算，仅此一项，每年造成的损失高
达 100 亿元。

　　就第三方物流在物流市场中所占份额而言，日本是 80%，美国近 57%，而我国仅为
18%。美国物流产业的规模已经达到 9 000 亿美元，前 20 名第三方物流服务商 1999 年的
净收入就已达到 93.4 亿美元。在美国，产品的制造成本不足总成本的 10%，而与储存、搬

运、运输、销售、包装等活动所花费的时间相比，产品的加工时间只有这些活动耗时的1/20。

对企业管理而言，20世纪80年代强调品质管理，20世纪90年代突出企业流程再造，而今，人们关注的是企业物流的速度。现代物流不仅是企业流程再造能否成功运作的关键因素，而且对于提高企业物流的速度起到非同一般的作用，因此必须搭建配套的配送平台，解决好物流体系构建问题。

按照现代物流的要求，整合物流组织，主要从两方面着手。

一方面，应当通过强化市场机制作用来促使物流企业改变经营观念和进行制度创新，组建集团化的"第三方物流"公司，彻底改变组织机构重叠、力量分散、功能单一的落后状况。

另一方面，国家和政府也应当通过制订相应的政策来调控物流企业的市场行为，使之能够按照适应商务发展需要的方向来进行市场定位。同时，建立、健全商品配送体系，不断完善货物配送制，制定发展中国家物流产业的政策，实施多方主体联合投资、共同兴办物流产业的经济政策——如通过实施优惠的投资政策，积极引导民间资本向物流业"倾斜"；实行平等的投资政策以鼓励私营经济组织和外商向物流领域投资；推行遏制用户企业自建物流服务体系的经济政策；实行快速折旧的经济政策等。

# 第六节　构建良好的内部控制制度

## 一、良好的内部控制制度不可或缺

### （一）内部控制制度的意义

为适应现代经济社会环境的需要，任何企业，不管其规模大小和业务繁简，都必须建立一个强有力的、高效率的组织机构和管理体系。内部控制制度就是先进有效的管理体系中不可或缺的一个重要部分，作为企业总经理，一定要意识到这个问题的重要性。

内部控制起源于内部牵制，就是为维护企业财产物资的安全性、完整性，确保会计资料及其他有关资料的正确性，保证各项财务收支的合理性、合法性而建立起来的业务分管责任制。随着社会经济的日益发展和现代化科学管理方法的产生和运用，内部牵制的范围得以扩大，逐步发展到经营决策目标的建立和贯彻、经济效益的实现和评价等各个领域，并由此形成了一套相当完整和科学的内部控制制度。

### （二）内部控制制度的四要素

#### 1. 内部控制制度的目标

概括地说，企业的内部控制制度的目标是，保全资产，提高会计信息的准确性，完善经营管理制度，追求综合效益。具体可分为以下几个方面：保证会计信息及其他信息的正确可靠；保证企业财产物资的安全与完整；保证各项管理方针、制度和措施的贯彻执行；保证企业各项生产和经营活动有秩序、高效率地进行。

### 2. 内部控制制度的主体

由内部控制制度的目标可看出该制度涉及企业的各个方面，因此实施这一控制制度的主体只能是企业管理者。这里必须提及会计人员，他们不是企业内部控制制度的主体，但却是内部控制信息的制造者，是内部控制效果优劣的反馈者。企业总经理应当注意这一点。

### 3. 内部控制制度的客体

内部控制制度的客体就是内部控制所指向的对象。广义的内部控制对象是把企业看作一个整体，针对企业的各项经济业务和各个管理层所进行的协调和控制；狭义的内部控制对象就是把企业细化，针对某一管理部门或某一经济业务的内部展开控制与管理工作。

### 4. 内部控制制度的措施

内部控制制度是各种措施的集合，其目的是确保内部控制制度在企业内部的有效运行，从而实现控制的目标。

## （三）内部控制制度的构成

因各企业的规模、性质、组织、业务范围与管理水平不同，在建立内部控制制度时的方法与构成的内容方面也有所不同，一般其构成可分为以下几部分。

### 1. 组织机构控制

就是企业总经理应如何将企业内部的各项工作进行有效分工，从而使员工们能够各司其职、各尽其能。就如何分工问题，企业总经理应做好以下几个方面的工作：授权进行某项经济业务和执行该项业务的职务要分工；执行某项经济业务记录、审查该项业务的职务要分工；保管某项财物、记录该项财物的职务要分工；保管某项财物和核对实存数、账存数的职务要分工。记录总账和记录明细账的职务要分工。

### 2. 业务记录控制

就是企业总经理应规定若干制度，要求会计人员或相关业务记录人员必须认真、严谨地根据规定的制度去执行，以确保会计记录达到真实、及时和准确的要求。

应从以下几个方面来建立记录控制制度。

第一，建立严格的凭证制度。凭证是记录经济业务发生的依据，严格的凭证制度要求设计规范的凭证格式和传递程序，并要求全部凭证均按顺序编号。

第二，规定会计记录的程序。要求以书面形式注明从填制会计凭证，到登记账簿、编制会计报表的全部过程。

第三，规定和健全记录的复核工作。对已完成的会计记录进行复核，是控制会计记录，使其正确可靠的又一种方法。

### 3.业务处理程序控制

企业总经理应考虑一项经济业务如何才能有效开展，从而对其制定出若干措施，其基本目标是任何经济业务从发生到完成的全过程都不由某个部门或人员单独处理。这样，既有效地发挥群体的智慧，又有效地进行内部牵制，避免出现营私舞弊行为。

如何保证业务处理程序高效、公开地进行，应注意将每项业务活动都划分为授权、主办、标准、执行、记录和复核六个步骤。这些步骤分别交由不同部门或人员来处理。

## 二、各项具体业务的内部控制制度

前面概括讲述了有关企业内部控制制度的问题，下面将对各项具体业务的内部控制制度加以细化。

### （一）现金收付的内部控制制度

现金收付控制是企业内部控制系统中最重要的环节，包括现金收入的内部控制和现金支出的内部控制。

#### 1.现金收入的内部控制制度

现金收入的内部控制制度主要应注意以下几个方面。

第一，聘用可靠、富于竞争力和有职业道德的员工。企业应严格审查职员是否有不良的个人品质。另外，企业还需花费大量资金实施培训计划。

第二，合理分工。指定特定的员工担任出纳、管理出纳的人员或者现金收入会计。

第三，合理授权。只有指定的员工（如部门经理）才可批准顾客的特殊情况，即同意超过支票限额的支票收入和允许顾客赊购商品。

第四，职责分离。出纳和分管现金的员工不得兼管会计记录，记录现金收入会计不得兼管现金。

第五，内外部审计。内部审计人员检查企业的业务是否与管理政策一致。外部审计人员检查现金收入的内部控制，确认由会计系统产生的与现金收入相关的营业收入、应收项目和其他项目是否准确。

第六，凭证和记录。顾客要收到业务记录的收据，银行对账单要列示现金收入以调整企业记录（送款单）。顾客的邮寄付款记入汇款通知单，用以表明企业收到的现金数额。

第七，电子核算机及其他控制。现金出纳要进行业务记录，出纳受其制约。现金要存放在保险柜或银行里。每天的收入应与顾客的汇款通知书和从银行取得的送款单相符。员工应在不同工作岗位上轮换并按期休假。

#### 2.现金支出的内部控制制度

现金支出的内部控制制度也是相当重要的，与现金收入的内部控制制度相对应，主要应注意以下几个方面。

第一，聘用可靠、富于竞争力和有职业道德的员工。现金付款应该由高层员工管理，大额付款应该由财务主管或财务主管助理经办。

第二，合理分工。指定专门的员工批准需付款的购货凭证，由高级管理人员批准并签发支票。

第三，合理授权。大额现金支出必须由业主或董事会授权，以确保与企业目标相符。

第四，职责分离。核算机程序员和其他经营支票的员工不得兼管会计记录，登记现金支付的会计不得有管理现金的机会。

第五，内外部审计。内部审计人员审查公司业务是否与管理制度相符；外部审计人员审查现金支出的内容控制，用以确认会计系统所产生的费用及资产和与现金支出相关的其他项目的金额是否准确。

第六，凭证和记录。供应商开出的发票是支付现金所必需的凭证；银行对账单上列示的现金支出（支票和电子汇款）以调整企业的账面记录；支票要依顺序编号，以说明付款的顺序。

第七，电子核算机及其他控制。空白支票应锁在保险柜里并由不从事会计工作的管理人员负责保管；支票的金额要用不易擦掉的墨水由机器印上去，已付款的发票要打孔以防止重复付款。

另外，为了安全和控制支出，大多数企业要求支票要有两人签名，为了防止凭证的涂改，某些企业还用机器在支票上印制擦不掉的金额；付款之后，支票签发者要在付款袋上打孔，这个孔表示发票已被支付，避免不诚实的员工重复付款。

## （二）存货的内部控制制度

存货就是企业在经营过程中的流动资产，包括原材料，辅助材料、燃料、低值易耗品、包装物以及劳动保护用品等。存货被看作商业企业的血液，所以存货的内部控制很重要。良好的存货内部控制包括以下几个方面。

第一，无论采用什么盘存制度，每年最少实地盘点一次存货。

第二，保持高效的采购、验收和运输程序。

第三，保管好存货，以免被盗、损坏和腐烂。

第四，只允许那些不能接近会计记录的人员接近存货。

第五，对贵重商品应保持永续存货记录。

第六，按比较经济的数量购买存货。

第七，保持足够的存货以免因存货短缺减少销售收入。

第八，不要保留太多的存货，以免将资金固定在不必要的项目上而增加费用。

以上是有关存货内部控制的框架性要求，在一些内部控制制度相当完善的企业，在实际工作中，存货的收入与发出都应办理手续、填写凭证。存货收入需填制采购材料验收入库单，自制原材料交库单、商品采购入库单、产品完工交库单、原材料退库单等；存货发出需填制的凭证包括材料领用单、材料发料单、加工材料发料单、产品销售发货单、原材料退库单等；月末应编制收料汇总表和发料汇总表。

存货的领用、发出、审核、保管、记账都要贯彻分工负责原则。

存货不仅应进行金额控制，还应实施实物控制。会计部门通常控制金额，供应部门或销售部门分别控制金额和实物，仓库通常进行实物管理。

每年实地盘点存货是必要的，因为确认库存存货的最好方法就是盘点，盘点对确定存货的正确价值是不可或缺的。当发现账实不相符时，应查明原因，如属于会计记录错误，应调整会计记录，使其与实地盘点数相符。使存货经手人远离会计记录是必要的职责分离。一个既可接近存货，又可接近会计记录的员工会有很大机会盗窃存货，并编制会计分录将其盗窃行为掩盖起来。比如，在存货实际被盗时，员工可增加冲销的存货数，以减少存货金额。

核算机存货系统能将企业库存存货额和存货短缺的可能性降至最低。在竞争相当激烈的企业环境中，企业难以负担将现金使用在过多存货上所增加的费用。

### （三）固定资产的内部控制制度

由于内部控制制度的不健全与薄弱，固定资产的流失相当严重，因此，加强固定资产内部控制就成为一件相当重要的事情。

固定资产的内部控制包括确保资产安全和有适当的会计系统。

其中确保资产安全包括以下内容。

第一，分配保管资产的责任。

第二，资产的保管与资产的会计处理分离（这是各方面内部控制的基础）。

第三，建立防范措施（如看守和限制接近资产），以免被盗。

第四，保护资产，避免自然环境（如雨、雪等）侵蚀。

第五，培训操作人员适当使用资产。

第六，购买足够的保险，以避免火灾、暴风雨和其他灾害损失。

第七，建立定期维修制度。

固定资产的控制与价格较高的存货的控制有诸多类似之处，均要借助辅助记录。对于固定资产，企业需采用固定资产明细账。每项资产都要在分录中列出，并指明其地点和负责人。这些细节都属于从会计系统进行控制的制度之一，便于确保财产安全。固定资产明细账记录还列出了资产成本，使用期限及其他会计资料。

### （四）采购业务的内部控制制度

采购业务是企业进行生产的第一个重要环节，所以一个良好的内部控制系统也会对这一业务进行相当严密的监控。采购业务主要由商品、原材料和固定资产三个部分的采购供应组成。它通常包括签订供货合同、验收材料或商品入库、结算支付货款三个环节。

# 第七节　掌握利润规划的基本方法

## 一、本量利的相互关系

这里所说的"本"是指成本，"量"是指业务量，"利"是指利润。

对本量利关系的研究通常是以成本和业务量的研究为基础的，这里的业务量既可以是产出量，也可以是投入量；既可以是实物量、时间量，也可以是货币量。当业务量出现变化时，各种成本根据其具有的不同的性态，大体可分为三种情况：固定成本、变动成本和混合成本。固定成本是不随业务量的变化而变化的成本；变动成本是指随着业务量的变化而成正比例变化的成本；混合成本是指介于固定成本和变动成本之间，并可将其分解为固定成本和变动成本的成本。这样一来，全部成本就可分为变动成本和固定成本两个组成部分。

## 二、对盈亏临界点的分析

盈亏临界分析又叫保本分析或损益平衡分析，它是本量利分析的一项基本内容。通过盈亏临界分析可以知道在什么业务量水平上将不盈不亏，在什么业务量水平上将出现亏损，在什么业务量水平上将获得利润。

### （一）确定盈亏临界点

所谓盈亏临界点是指企业利润为零时的业务量，换言之就是使企业的边际贡献总额等于固定成本总额时的业务量。这里所说的业务量主要是指销售量或销售额。

### （二）安全边际和安全边际率

安全边际是指正常销售量与盈亏临界点销售量之间的差额，它表明销售量在下降多少时仍不至于出现亏损。

通常来说，只有安全边际才能给企业提供利润，而盈亏临界点销售量扣除变动成本后只能为企业收回固定成本，安全边际部分的销售收入减去其自身的变动成本后就是企业的利润，也就是安全边际中的边际贡献等于企业的利润。

## 三、各因素变动分析

各因素变动分析主要为解决两个方面的问题：当业务量、成本和价格发生变化时，测定其对利润的影响；当企业的目标利润发生变化时，分析实现该目标利润时的业务量、成本和价格水平。

## （一）各因素变动对利润的影响

企业在对任何生产经营问题进行决策时，都要分析将要采取的行动对利润的影响。影响利润各因素的分析，主要方法是将变化了的参数代入本量利方程式，确定它所引起的利润的变动。

## （二）分析实现目标利润的有关条件

分析各因素变动对利润的影响，是假设影响利润的各因素为已知数，而利润则是待求的未知数。但有时企业已经确定了目标利润，因而需要确定为实现目标利润所需要的有关条件。

实现目标利润既可在现有的情况下采取单项措施，也可采取综合措施。

# 参考文献

[1] 李靖凤. 关于新时期建筑财务管理现状及对策 [J]. 城市建设理论研究，2015（6）.

[2] 张云. 建筑财务管理现状分析及改进策略探索 [J]. 建筑工程技术与设计，2014（33）.

[3] 翁彦群. 对建筑财务管理存在问题研究 [J]. 经济视野，2014（13）.

[4] 王冰. 建筑财务管理的现状、问题及措施 [J]. 商，2013（23）.

[5] 李宇昕. 建筑企业财务管理的探讨 [J]. 现代经济信息，2015（19）.

[6] 陈晖，雷蕾. 关于建筑财务管理现状及对策探讨 [J]. 城市建设理论研究，2015（2）.

[7] 冉余辉. 工程建设财务管理存在的问题及应对措施 [J]. 时代经贸，2014（3）.

[8] 余晓林. 建筑企业财务管理存在的问题及对策建议 [J]. 黑龙江对外经贸，2010（4）.

[9] 卓凌华. 建筑施工单位加强财务管理的措施分析 [J]. 统计与管理，2016（4）.

[10] 程海涛. 分析营改增对施工企业财务管理的影响及对策 [J]. 财经界，2014（8）.

[11] 肖丽云. 国有建筑企业改制中有关财务问题的探讨 [C]// 黄乃宽. 改革、发展、创新：广西会计学会 2007 年学术年会优秀论文集. 南宁：广西人民出版社，2007.

[12] 陈太安. 建立健全基本建设单位内部控制制度 [C]// 河南省科学技术协会. 科技、工程与经济社会协调发展河南省第四届青年学术年会论文集：下册. 北京：中国科学技术出版社，2004.

[13] 曹锡锐，王磊. 浅析 BOT 项目的财务管理和会计核算 [C]// 许如清，余邦利，海连城. 金桥：第四届中国交通运输业财务与会计学术研讨会论文选. 北京：新华出版社，2008.